BESTSELLER

Dale Carnegie nació en 1888 en Missouri. Escribió su famoso libro *Cómo ganar amigos e influir sobre las personas* en 1936, ahora un bestseller internacional. En 1950 se creó la Fundación Dale Carnegie Training. Carnegie falleció poco tiempo después, en 1955, dejando su legado y un conjunto de principios esenciales que hoy forman parte de sus libros. En la actualidad, su fundación cuenta entre sus clientes con cuatrocientas de las empresas más importantes del mundo. Para más información, visite el sitio www.dalecarnegie.com.

DALE CARNEGIE

CÓMO SER UN BUEN LÍDER

DEBOLS!LLO

Cómo ser un buen líder

Título original *Become an Effective Leader*

Primera edición en Debolsillo: septiembre, 2021
Primera reimpresión: julio, 2022

D. R. © 2011, Dale Carnegie & Associates, Inc.
© DCA Rights licensed exclusively by JMW Group jmwgroup@jmwgroup.net

D. R. © 2022, derechos de edición mundiales en lengua castellana:
Penguin Random House Grupo Editorial, S. A. de C. V.
Blvd. Miguel de Cervantes Saavedra núm. 301, 1er piso,
colonia Granada, alcaldía Miguel Hidalgo, C. P. 11520,
Ciudad de México

penguinlibros.com

D. R. © 2021, Juan Elías Tovar Cross, por la traducción
Diseño de portada: Penguin Random House / Paola García Moreno
Imagen de portada: iStock

ISBN: 978-607-380-537-7

Impreso en México – *Printed in Mexico*

ÍNDICE

PREFACIO

¿Los gerentes exitosos se preocupan más por cumplir con las metas establecidas o por liderar a la gente que supervisan? Los gerentes eficaces saben que para cumplir esas metas tienen que ser verdaderos líderes que guíen, motiven, capaciten y cuiden a sus asociados. Equilibrar las habilidades de liderazgo y gerenciales debe ser el enfoque de todo aquel que aspire a triunfar en su trabajo.

Es importante examinar el equilibrio de lo que estamos haciendo frente a lo que estamos guiando a los demás a hacer. ¿Cómo podemos identificar y aprovechar nuestro estilo de liderazgo para ser los mejores que podamos y obtener los mejores resultados para nosotros mismos y nuestra organización?

Nuestra manera de ver a los demás y las suposiciones que hacemos sobre la gente y el mundo que nos rodea dan forma a nuestra realidad y al ambiente en el que trabajamos. En este libro examinaremos las lecciones que hemos aprendido sobre liderazgo y las creencias que nos formamos como resultado de esas experiencias.

El papel cambiante del gerente / líder

El mundo está cambiando deprisa y requiere que aquellos que estén en puestos de liderazgo o gerenciales asuman papeles y responsabilidades que cambien constantemente. Ya sea que estemos en Europa, América o la cuenca del Pacífico, la competencia constantemente nos exige encontrar formas mejores y más eficientes, productivas y redituables de elaborar productos y dar servicios. Estas exigencias no se limitan a nuestra competencia. Las expectativas de nuestra gente, nuestros clientes internos y externos, nuestros proveedores, distribuidores y socios comerciales son cada vez mayores. Para poder mantenernos competitivos en este mundo de rápidos cambios, debemos liderar y administrar nuestras organizaciones en el siglo XXI.

Crea y comparte una visión

Debemos ser creativos, forjar una visión común y comunicarnos con nuestros asociados de manera eficaz. Para que nuestras compañías puedan crecer y prosperar en el mundo de hoy, debemos animar a nuestra gente a salirse de la caja creada por la descripción de su puesto y por un enfoque minimalista del mundo laboral. Es crucial que contratemos y cultivemos a personas que conduzcan nuestras organizaciones al siguiente nivel. No podemos hacerlo solos ni nuestra gente puede ayudarnos a llegar al siguiente nivel a menos que primero hayamos identificado nuestras metas, y establecido y comunicado una visión clara a nuestros asociados. Una vez que una visión común se ha creado y diseminado por toda la organización, el resultante comportamiento empoderado nos catapulta al siguiente nivel. La gente deja de ver su papel como orientado a cumplir los procesos y en vez de eso empieza a enfocarse en obtener resultados. Ver con claridad los resultados nos inspira a nosotros y a nuestros asociados a tomar riesgos y asumir responsabilidades. El liderazgo empieza

10

a encontrar su propio nivel en la organización. Los resultados claramente enfocados le permiten a la gente una mayor capacidad de autogestión y manejar los recursos sin la asistencia de los altos mandos.

El comportamiento empoderado es impulsado por una visión común, pero ninguno de los dos es posible a menos que esa visión se haya comunicado claramente por toda la organización. La comunicación efectiva es la habilidad fundacional para formar equipos efectivos, crear un sentido unificado de propósito y llevar a nuestra organización al siguiente nivel.

El equilibrio entre la gente y el proceso

Cuando se les pide que identifiquen la característica personal más significativa que debe tener un gerente, la mayoría de los altos ejecutivos dicen: "La capacidad de trabajar con la gente". Los líderes reconocen la importancia de la producción, la distribución, la ingeniería, las ventas, la investigación y el desarrollo, y han implementado sistemas administrativos para organizar, dirigir y controlar las actividades de cada área.

Sin embargo, cuando llega el momento de tomar decisiones ejecutivas, éstas las toma la gente. El rubro más costoso de cualquier presupuesto es la gente. La planeación, ya sea funcional o estratégica, se lleva a cabo y se implementa en torno a la gente. El recurso más valioso de cualquier organización es su gente. De hecho, la mayoría de los ejecutivos se pasan alrededor de tres cuartas partes de cada día laboral lidiando con gente. Esto significa que creamos el sistema administrativo bajo el cual funciona nuestra compañía y continuamente demostramos el liderazgo que permite que esos sistemas cumplan sus objetivos.

Una de las principales razones por las que las personas son ascendidas a puestos gerenciales y de liderazgo es porque fueron eficaces en el trabajo que desempeñaban. Ahora, como gerentes, nuestro trabajo es lograr que otros puedan hacer las cosas igual de bien, o incluso mejor que nosotros. Esto requiere una serie de habilidades totalmente distintas. Nuestro éxito depende de que hagamos la transición de hacer a liderar para poder aprovechar nuestras habilidades y nuestro tiempo.

Para ser un gerente efectivo debemos encontrar el equilibrio entre la gente y el proceso. Estar demasiado enfocados en la gente significa que si se va una persona clave, todo se detiene. Estar demasiado enfocados en el proceso significa que se han implementado sistemas estupendos, pero nadie los entiende o quiere trabajar con ellos. El enfoque en el proceso dice: "Éste es el plan y así vamos a hacer las cosas". El enfoque en la gente dice: "Hablemos del plan y de por qué hacemos las cosas". Con el equilibrio correcto, tanto la productividad como el compromiso se mantienen en su nivel más alto.

El equilibrio entre motivación y rendición de cuentas

Si no hay motivación, no se hace nada, pero en cuanto tratamos de pedirle a la gente que rinda cuentas, se desmotiva, ¿verdad? ¡No necesariamente! Existen herramientas para hacer que la gente rinda cuentas de sus metas, objetivos y compromisos, y que al mismo tiempo se mantenga motivada. Con este equilibrio tendremos más control de los resultados, para nosotros y nuestro equipo.

Hoy más que nunca, el trabajo de un gerente es desarrollar a la gente. Cuando podemos crear un ambiente donde la gente obtiene resultados, desarrolla nuevas habilidades y se vuelve exitosa, estamos cumpliendo nuestra vocación más elevada como gerentes y líderes. Comunicarse con fuerza y sensibilidad, ser un entrenador y desarrollar a la gente son las máximas prioridades de un líder.

Cómo manejar los conflictos y la negatividad

Hagamos lo que hagamos, siempre existirá el reto de las personas negativas en la gestión del desempeño. Nuestros resultados y los de nuestro equipo dependen de cómo se manejen esas situaciones. Es necesario ser justos, consistentes y enérgicos en el lugar correcto, el momento correcto y de la manera correcta. Sin esto, la moral puede desplomarse hasta frenar a todos, lo que afecta la productividad y la lealtad de los clientes y de los empleados: todos ellos elementos indispensables en la fuerza laboral actual que es altamente competitiva.

En este libro abordaremos estos y otros problemas que enfrentan los líderes y brindaremos enfoques que nos permitirán a nosotros y nuestros asociados mejorar la productividad y, al mismo tiempo, desarrollar habilidades, actitudes y capacidades que nos ayuden a todos a crecer en nuestro trabajo.

Para aprovechar este libro al máximo, primero léelo todo para absorber el concepto general de nuestro papel como líderes. Luego vuelve a leer cada capítulo y empieza a aplicar las directrices para lograr cada una de las áreas que se abordan.

DR. ARTHUR R. PELL
Editor

CAPÍTULO 1

NO SEAS UN JEFE: SÉ UN LÍDER

¿Sabes cuál es el rasgo más importante que puede tener un líder? No es la habilidad ejecutiva; no es una gran mentalidad; no es la bondad ni la valentía ni el sentido del humor, aunque todo esto tiene tremenda importancia. Es la capacidad de hacer amigos, que en esencia significa la capacidad de ver lo mejor en los demás.

DALE CARNEGIE

Peter Drucker, uno de los grandes pensadores y escritores de la gestión, escribió: "La mayor parte de lo que llamamos administrar consiste en dificultarle a la gente hacer su trabajo".

¿Qué es lo que hacen los administradores para instigar semejante comentario de Drucker? Muchas personas en puestos gerenciales o de supervisión tratan a su gente como si fueran autómatas: esperan que sigan los procedimientos al pie de la letra sin emplear su propia intuición, creatividad y capacidad intelectual al hacer el trabajo. Están tan preocupadas por seguir las reglas, los reglamentos, los procedimientos y las rutinas que pasan por alto el potencial que tiene cada ser humano que trabaja bajo su supervisión.

Los gerentes que verdaderamente guían a su gente en vez de dirigir su trabajo no sólo obtienen mejores resultados para sus organizaciones, sino que desarrollan equipos de personas comprometidas con el éxito en cada aspecto de su trabajo y de su vida.

Los líderes sirven

El verdadero líder sirve a su gente: no al revés. La típica figura geométrica que relacionamos con la mayoría de las organizaciones es el triángulo. En la parte superior está el jefe que les da órdenes a los mandos medios, quienes dan órdenes a los supervisores que a su vez les dan órdenes a los trabajadores. En la base del triángulo están los clientes que esperamos queden satisfechos con lo que les proporcionamos.

El propósito de cada capa es servir a la capa de arriba. En el enfoque tradicional, los trabajadores sirven a sus supervisores, los supervisores a sus gerentes y, en última instancia, todos sirven al gran jefe. El cliente —hasta abajo— prácticamente es ignorado. El triángulo debería invertirse. Los altos directivos deberían servir a la gerencia media, que a su vez sirve a los supervisores de primera línea que están ahí para servir a los trabajadores… y todos sirven al cliente.

Sirven a su personal

J. Willard Marriott, el empresario hotelero, lo resumió de manera sucinta: "Mi trabajo es motivar a mi gente, enseñarle, ayudarle y tenerle aprecio". Observa el último punto: *tenerle aprecio*. Los buenos líderes realmente les tienen aprecio a los integrantes de su equipo. Aprenden lo más que pueden sobre sus fortalezas y limitaciones, sus gustos y aversiones, sobre cómo actúan y cómo reaccionan. Se toman el tiempo para trabajar con ellos, para darles los recursos, las herramientas y los conocimientos necesarios para hacer su trabajo de manera eficiente.

No se ponen a obstaculizarlos ni a preocuparlos con detalles intrascendentes.

Cuando se hacen encuestas de qué es lo que la gente quiere en un jefe, casi siempre la primera respuesta es *un jefe que esté ahí cuando lo necesito*. Éste es un jefe al que una persona se le puede acercar con una pregunta sin tener miedo de que la considere estúpida, un jefe confiable que proporcionará información, capacitación y sugerencias, más que hacer exigencias y dar órdenes y mandatos. Éste es un jefe que ayuda a desarrollar el potencial de la gente, en lugar de usarla como un medio para hacer el trabajo.

Empoderan a su gente

Los verdaderos líderes "empoderan" a su gente. Esta palabra, *empoderar*, se ha puesto muy de moda hoy en día en administración, pero las palabras de moda a menudo expresan de manera concisa un concepto aceptado en la actualidad. Proviene de un término legal que significa transferir ciertos derechos de una persona a otra. Pero en el lenguaje administrativo actual se usa en un sentido más amplio: compartir algo de la autoridad y control que tiene el gerente con las personas que supervisa. En vez de que el gerente tome todas las decisiones de cómo debe hacerse un trabajo, la gente que realizará el trabajo también participa en ellas. Cuando la gente tiene voz en estas determinaciones no sólo obtenemos información más variada de cómo puede realizarse un trabajo, sino que además, al haber participado, los trabajadores están comprometidos con que tenga éxito.

Administrar frente a liderar

Administrar enfatiza que la gente siga órdenes —a menudo sin cuestionarlas—. "Así es como se va a hacer." Liderar fomenta la creatividad de la gente al solicitar sus ideas tanto de manera informal en el contacto cotidiano como formalmente en juntas, sesiones de lluvia de ideas y otras actividades similares. Administrar es decirle a la gente que tendrá que rendir cuentas. Liderar empodera a la gente: le da las herramientas para tomar sus propias decisiones dentro de directrices que son aceptables para todas las partes involucradas.

Administrar se enfoca más en cómo se siguen las políticas, explicando las reglas y las políticas y exigiendo su cumplimiento. Liderar motiva a la gente y le enseña a cumplir con el trabajo. Si no resulta como se esperaba, se hacen esfuerzos para mejorar el desempeño a través de más y mejor capacitación. Ayudar a la gente a aprender es la herramienta clave para obtener un desempeño de calidad.

Administrar concentra los esfuerzos en *hacer las cosas bien*; liderar enfatiza *hacer las cosas correctas*. Hay ocasiones en que es necesario administrar: en que por razones legales o algo similar resulta esencial que todo se haga siguiendo estrictamente el manual. Desde luego, la gente en puestos gerenciales debe asegurarse de que las cosas se hagan de manera correcta. Pero éste no es su trabajo principal. Hacer cumplir las reglas puede ser necesario en semejantes circunstancias, pero es más importante capacitar y motivar a las personas a ser competentes y estar deseosas de hacer su mejor esfuerzo para cumplir con los objetivos del departamento y la compañía. Lograr esto con nuestra gente es el epítome del verdadero liderazgo.

Jefe bueno-jefe malo

Harry era la clase de jefe a quien le gustaba ser popular. Creía que era un buen jefe porque a todos en su departamento les caía bien. No quería estropear esta popularidad, así que titubeaba al llamar la atención por pequeñas infracciones a las reglas o al corregir pequeños errores en el trabajo. Cuando hacía falta una reprimenda, la posponía por tanto tiempo que a menudo se olvidaba la causa. Sin embargo, sus elogios eran tan frecuentes que ya no significaban nada.

Teresa era estricta. Creía que había que tronar el látigo para que se hicieran las cosas. Era brusca, dogmática y su expresión favorita era: "La jefa soy yo. A ti te pagan por trabajar, así que ponte a trabajar o ya verás". Rara vez elogiaba a los integrantes de su equipo y a menudo los regañaba frente a todo el departamento.

Tanto Harry como Teresa tenían serios problemas porque en realidad ninguno de estos extremos puede funcionar. Veamos qué pasó en cada una de esas áreas.

El jefe relajado

Cuando un gerente no controla el departamento, el trabajo se ve afectado. Los calendarios de producción no se cumplen, la calidad disminuye, la gente se aprovecha de su indulgencia y el ausentismo, la impuntualidad y las actitudes en general se deterioran. La gente de Harry siente que no tiene líder y le pasan por encima.

¿Por qué un gerente se vuelve tan indulgente y relajado al grado de que su departamento lo padece? A menudo la razón puede hallarse en un sentimiento de inseguridad en las propias capacidades. Las personas inseguras exigen la aprobación de los demás para apuntalar su propio ego. Dichas personas quieren ser populares, ser "parte del grupito". Creen que la indulgencia con los subordinados engendrará la aprobación de los empleados.

Cuando el jefe de Harry descubra que el departamento se está rezagando, Harry tendrá que rendir cuentas. Ahora, Harry se pone nervioso y sabe que debe revertir esto rápidamente. Una reacción natural es dar un giro abrupto de 180 grados. Harry comienza a ponerse estricto y exigente. Se le va encima a su gente, a menudo con gritos y alaridos. Empieza a reprenderla por cualquier infracción menor y a castigarla por cuestiones que había ignorado apenas la semana pasada. Esto provoca resentimiento e incertidumbre entre su gente. Quizá el trabajo repunte por un tiempo, pero como la personalidad de Harry es más bien lo opuesto de estas acciones, en cuanto las cosas se enderecen él volverá a su antigua forma de ser.

Los cambios frecuentes en el estilo gerencial son más desmoralizantes que apegarse a un solo estilo —bueno o malo—. Nuestra gente no puede prever cómo vamos a comportarnos. Esta incertidumbre lleva a una baja moral y a una elevada rotación de personal.

La causa de la actitud relajada de Harry radica en su propio sentimiento de inseguridad. Tiene que reforzar la confianza en sí mismo. Una manera de lograr esto es volviéndose experto en el trabajo que hace. Cuando una persona conoce a fondo su trabajo, encuentra en él un sentimiento de seguridad que se traduce en confianza en sí misma en todas las cuestiones relacionadas con el trabajo. También debería estudiar más sobre relaciones humanas y aplicar lo que ha aprendido a su trabajo.

El supervisor estricto

Teresa tiene un problema similar. Aunque su estilo es totalmente diferente al de Harry, los resultados son muy parecidos. Ella provoca resentimiento entre su gente y, de manera consciente o inconsciente, la gente se rehúsa a cooperar. Una producción más baja, rotación más alta, mayor ausentismo, numerosas quejas y baja moral, en general, suelen ser la prueba de esta falta de cooperación.

La causa del enfoque exigente, al igual que del indulgente, es inseguridad. Sin embargo, el "deseo de agradar" y la actitud que lo acompaña son reemplazados por un modo de ser hosco y una fachada autoritaria. Cambiar es más difícil para los líderes estrictos, quizá porque sienten tercamente que su manera de hacer las cosas es la única. La terquedad es parte integral de su patrón de conducta.

Otra vez, la solución requiere buenos conocimientos de las relaciones humanas. El supervisor debe aprender a elogiar más a menudo y a aplicar las reprimendas que sean efectivas sin causar resentimiento ni rencor. Teresa tiene que aprender a modular su modo de ser y de hablar para evitar discusiones y trabajar más amigablemente con sus compañeros y subordinados.

El mejor supervisor

El estilo de supervisar más efectivo se encuentra en algún lugar entre estos dos extremos. Se basa en comprender el comportamiento humano y aplicar este conocimiento al trabajar con la gente a su cargo. El supervisor elogia a la gente por el buen trabajo realizado, pero no suelta elogios a la ligera. Harry exageraba con los elogios a tal punto que nadie de su equipo sentía que su trabajo especialmente bueno era valorado. Teresa nunca elogiaba a su equipo, así que nadie le veía el caso a hacer un trabajo especialmente bueno.

Las reprimendas, cuando son necesarias, deben llevarse a cabo en privado y de manera tranquila. Uno nunca debe levantar la voz y siempre debe darle al empleado la oportunidad de contar su versión de los hechos. Escucha con atención y sin interrumpir.

Ofrece una crítica constructiva y sé lo más específico que puedas.

No reprendas a nadie cuando estés molesto o enojado. No dejes que te embrollen en una discusión. Evita el sarcasmo y las quejas. No te desvíes del tema. Recuerda que el propósito de una reprimenda es corregir algo que está mal. Un buen gerente busca evitar que lo que está mal se agrave al generar resentimiento. Siempre enfatiza el *qué*, más que el *quién*. En el capítulo 9 se presentan algunas sugerencias para dar reprimendas efectivas.

Los buenos líderes no son los amigotes indolentes ni los tiranos controladores. No son ignorados ni temidos por sus subordinados. Los supervisores capaces tienen confianza en sí mismos y, además, el respeto de su gente.

Veamos una sencilla comparación entre la manera en que un jefe administra y un líder lidera:

El jefe	El líder
Arrea a la gente	Guía a la gente
Infunde temor	Inspira entusiasmo
Dice: "Hagan"	Dice: "Hagamos"
Hace que el trabajo sea pesado	Hace que el trabajo sea interesante
Se basa en la autoridad	Depende de la cooperación
Dice: "Yo, yo, yo"	Dice: "Nosotros"

Mitos e ideas erróneas

Los mitos y las ideas erróneas han regido el pensamiento de la gente por años o por vidas enteras, y son difíciles de superar. Sin embargo, como gerentes debemos hacerlos pedazos si queremos salir adelante.

Algunas personas son reacias a asumir un papel de liderazgo. Creen que para poder hacerlo tendrían que poseer de manera innata ciertos rasgos de liderazgo, como carisma, o esa intangible personalidad que los empoderará para influir en los demás.

Es verdad que algunos de los líderes más grandes del mundo nacieron así: con ese encanto especial que fascinaba al público. Pero son la excepción. La mayoría de los líderes exitosos son hombres y mujeres comunes y corrientes que han trabajado mucho para llegar a donde están. Gestionar a la gente es más fácil si tenemos talentos naturales, pero no son esenciales. En efecto, cada uno de nosotros puede adquirir las habilidades necesarias para administrar y liderar al personal.

El liderazgo es un arte que se puede adquirir. Con un poco de esfuerzo, cualquiera que lo desee puede aprender a guiar a la gente de una manera en que se gane su respeto, confianza y cooperación incondicional.

A muchos gerentes les gusta referirse a sí mismos como "profesionales", pero ¿ser gerente realmente es una profesión? Los profesionistas en otros campos (como los médicos, abogados, psicólogos e ingenieros) necesitan terminar estudios avanzados y pasar exámenes para titularse. Para ser gerente no existen estos requisitos. Algunos gerentes se prepararon especialmente y tienen títulos de carreras como administración de empresas, pero la mayoría son ascendidos de la fuerza laboral y tienen poco o nada de capacitación en administración. La mayoría de los gerentes aprenden principalmente en el trabajo.

Cada vez hay más gerentes exitosos que intentan adquirir habilidades mediante cursos de estudio estructurados, pero la mayoría sigue aprendiendo sus técnicas al observar las que sus jefes emplean. Quizá el modelo que sigan sea bueno. No obstante, con demasiada frecuencia los nuevos gerentes se ven expuestos a las filosofías caducas e inválidas de sus jefes.

Algunas de las ideas que aparecen a continuación pueden haber sido válidas en el pasado pero ya no son efectivas; otras nunca fueron ciertas. Veamos algunos de los muchos mitos e ideas erróneas sobre administración.

Administrar es puro sentido común

Cuando le preguntaron a un gerente sobre su capacitación en el momento en el que recién empezó, dijo: "Cuando me ascendieron a mi primer puesto gerencial, le pedí a un gerente de mucho tiempo algunos consejos sobre cómo lidiar con la gente que está a mi cargo. Me dijo: 'Usa tu sentido común y no vas a tener ningún problema'".

Exactamente ¿qué es "sentido común"? Lo que a una persona le parece sensato puede ser un disparate para otra. A menudo la definición de "sentido común" depende de cada cultura. Por ejemplo, en Japón es de "sentido común" esperar hasta que haya un consenso antes de tomar una decisión; en Estados Unidos esa técnica a menudo es ridiculizada por considerarse ineficiente y una pérdida de tiempo.

Las ideas discrepantes de lo que constituye el sentido común no sólo se deben a diferencias culturales. Diferentes personas tienen distintas ideas de lo que es bueno y malo, de lo que es eficiente y lo que es derroche, y de lo que funciona y lo que no.

Tendemos a usar nuestras propias experiencias para desarrollar nuestros propios tipos de sentido común. El problema es que la experiencia individual de una persona proporciona sólo una perspectiva limitada. Aunque lo que consideramos sentido común se haya desarrollado a partir de nuestras experiencias, la experiencia de un individuo sólo puede arrojar una perspectiva limitada. En el liderazgo intervienen muchos más factores que la experiencia que pueda tener un individuo. Para ser verdaderos líderes debemos ir más allá del sentido común.

No nos confiaríamos solamente del sentido común para resolver problemas financieros o de producción. Convocaríamos a los mejores expertos posibles en estas áreas para que nos den consejos e información.

¿Entonces por qué habríamos de recurrir a una base menos pragmática para resolver los problemas de las relaciones humanas?

Podemos aprender mucho sobre el arte y la ciencia de la gestión leyendo libros y revistas especializados en el ramo, asistiendo a cursos y seminarios, y participando activamente en las asociaciones de nuestra industria.

Los gerentes lo saben todo

Los gerentes no lo saben todo. Nadie sabe todo. Acepta que no tienes todas las respuestas pero que necesitas tener las habilidades para obtener las respuestas. Una forma eficaz de hacerlo es desarrollar contactos con gente en otras compañías que hayan enfrentado situaciones similares. Puedes aprender mucho de ellos. Crear una red de contactos —de gente en otras compañías a la que puedas recurrir para obtener sugerencias, ideas y estrategias para solucionar problemas— te dará acceso a estas personas cuando necesites nuevas ideas o información, y te proporcionará un valioso recurso continuo que será un apoyo en la solución de problemas.

*¿Acaso no les tienes mucha más fe a las ideas que
descubres tú mismo que a las que te dan ya formuladas?
En tal caso, ¿no te parece un error de juicio tratar de
imponerles tus ideas a los demás? ¿No sería más sensato
hacer sugerencias… y dejar que la otra persona piense la
conclusión por sí misma?*

DALE CARNEGIE

¡Obedeces o te vas!

Supervisar a través del miedo sigue siendo una práctica común. Y funciona… a veces. La gente se pone a trabajar si teme perder su empleo, pero ¿cuánto trabaja? La respuesta es: "Apenas lo suficiente para que no la despidan". Por eso esta técnica no es considerada administración eficiente. Parte de una gerencia exitosa es lograr que nuestros asociados cooperen de manera voluntaria.

Además, no es tan fácil despedir a la gente. Considerando las implicaciones de las leyes de los derechos civiles y los sindicatos —y en muchos casos las dificultades y costos asociados a la contratación de sustitutos competentes—, despedir a la gente puede causar más problemas que conservar a los empleados con los que no estamos satisfechos.

No podremos conservar a los buenos trabajadores por mucho tiempo si supervisamos a través del miedo. Cuando hay escasez de empleos en nuestra comunidad o nuestra industria, los trabajadores quizá toleren a los jefes mandones o arbitrarios. Pero en cuanto se abra el mercado laboral, la mejor gente se irá a compañías donde el ambiente de trabajo sea más agradable. La rotación de personal puede ser costosa y a menudo devastadora.

Elogiar es mimar a los empleados

Algunos gerentes temen que si elogian el trabajo de un miembro del equipo, esa persona se vuelva autocomplaciente y deje de tratar de mejorar (sin duda, algunas personas sí reaccionan de esta manera). El objetivo clave es enunciar nuestros elogios de tal manera que alienten al asociado a seguir teniendo un buen desempeño.

Otros gerentes se preocupan de que si los asociados reciben elogios por su buen trabajo, esperarán aumentos o bonos. Y quizá haya alguno que sí. Pero ésa no es razón para callarse un elogio cuando es merecido. Los empleados deberían saber cómo se determinan los ajustes salariales, bonos y otras recompensas económicas. Si las compensaciones se renegocian en las evaluaciones de desempeño anual, los miembros del equipo deberían tener la confianza de que el buen trabajo por el que fueron elogiados se tomará en cuenta en la evaluación.

Algunos gerentes consideran irrelevantes los elogios. Un jefe de departamento reportó: "La gente que superviso sabe que está haciendo bien su trabajo si no le hablo. Si tengo que hablar con ellos, saben que están en problemas". Que la única retroalimentación que ofrezcamos sean las reprimendas tampoco es eficaz.

Recuerda, queremos usar estímulos positivos, no negativos.

Desde luego, se puede exagerar con los elogios. Si a la gente se le elogia constantemente por cada logro trivial, el valor de los elogios disminuye al grado de volverse superficial.

Además, los empleados no productivos pueden pensar que están haciendo un gran trabajo si se les elogia excesivamente.

Las técnicas para el uso efectivo de los elogios se abordan en el capítulo 3.

Elogiemos hasta la menor mejora. Eso inspira a la otra
persona a seguir mejorando.

DALE CARNEGIE

A palos entiende el empleado

Claro, algunos gerentes siguen actuando como si todos fueran sus esclavos. Cada año James Miller, consultor empresarial y autor de *The Corporate Coach* (El entrenador corporativo), hace un concurso del Mejor y Peor Jefe del Año.

Los empleados hacen las nominaciones. Miller reporta que recibe muchas más nominaciones al peor jefe que al mejor jefe. Una de las razones principales por las que los empleados detestan a sus jefes, descubrió Miller, es que éstos se la pasan criticando a sus subordinados, expresando sarcasmos, regodeándose de sus fracasos, y a menudo les gritan.

¿Por qué la gente se comporta así? A algunas personas les han gritado toda su vida —sus padres, maestros y antiguos jefes—, así que suponen que es una herramienta efectiva de comunicación.

Todos levantamos la voz ocasionalmente, sobre todo cuando estamos bajo presión. A veces es necesario ejercer mucho autocontrol para no gritar. Sin embargo, los líderes eficaces controlan esta tendencia. Si de vez en cuando fallamos, no pasa nada, pero cuando gritar se convierte en nuestra forma normal de comunicarnos, estamos aceptando nuestro fracaso como verdaderos líderes. No podemos obtener la cooperación voluntaria de nuestros asociados dándoles de gritos.

Los líderes deben superar el desempeño óptimo

La producción, el desempeño y las ganancias son aspectos importantes de nuestro trabajo como gerentes, ¿pero son lo único que debemos considerar? Con toda seguridad, para que un negocio sobreviva tiene que producir resultados. No obstante, el desarrollo de los empleados es igualmente importante. Si ignoramos el potencial de la gente, la capacidad de lograr resultados de nuestro equipo es limitada. Entonces cosechamos los beneficios a corto plazo a costa del éxito a largo plazo e incluso de la supervivencia.

Cuando Eliot fundó su compañía de componentes para computadoras fue pionero en la que entonces era una industria nueva y creciente. Decidido a ser un líder en su campo, impulsó a sus empleados a mantener altos niveles de productividad, y nunca perdió de vista las ganancias. Pero no le puso atención al desarrollo de su personal. Los miembros de su personal técnico y administrativo casi no tenían oportunidad de aportar sus ideas o usar su propia iniciativa en sus propios proyectos. Al paso de los años la compañía de Eliot siguió teniendo ganancias razonables, pero nunca creció hasta convertirse en líder de la industria, como él esperaba. Al haber reprimido el potencial y la ambición de sus empleados perdió a muchos miembros del equipo técnico, que se fueron a otras compañías. Y como dependía sólo de sus propias ideas, se perdió de todas las ideas innovadoras que su equipo hubiera podido tener.

Prueba la regla de platino

Cuando estamos supervisando gente, la regla de oro de la Biblia: "Trata a los demás como quisieras que te traten a ti", es buen consejo… pero sólo hasta cierto punto. No toda la gente es igual; tratar a los demás como quisiéramos que nos traten no es lo mismo que tratarlos como ellos quisieran que los traten.

Por ejemplo, Linda prefiere que le den los objetivos de manera general y le gusta resolver por sí misma cuáles son los detalles de su trabajo. Pero su asistente, Jason, no se siente cómodo cuando le dan una tarea a menos que le desglosen todos los detalles. Si Linda le delega trabajo a su asistente como a ella le gusta que se lo asignen, no va a obtener los mejores resultados.

Sol necesita reafirmación constante. Sólo está feliz en el trabajo cuando su jefe supervisa su trabajo y le asegura que lo está haciendo bien. Tanya, en cambio, se molesta si su jefa supervisa su trabajo muy seguido. "¿Qué no confía en mí?", se queja. No podemos tratar a Tanya como tratamos a Sol y obtener buenos resultados de las dos.

Todos tenemos nuestro propio estilo, nuestro propio enfoque y nuestras propias excentricidades. Tratar a los demás como quisiéramos que nos traten quizá sea la peor manera de tratar a la gente que supervisamos.

Para ser un gerente eficaz debemos conocer a cada miembro de nuestro equipo y ajustar nuestro método de supervisión a la individualidad de cada persona. Más que seguir la regla de oro, sigue la regla de platino: *Trata a los demás como ellos quieren que los trates.*

Desde luego, se tienen que hacer concesiones. En algunas situaciones el trabajo se tiene que hacer de una manera que quizá no sea ideal para algunas personas. Si sabemos de antemano qué tenemos que lograr, podemos anticipar los problemas y preparar a nuestros asociados para que acepten sus tareas.

Síntesis y esencia

- El liderazgo es un arte que se puede adquirir. Con un poco de esfuerzo, cualquiera que lo desee puede aprender a guiar a la gente de una manera en que se gane su respeto, confianza y cooperación incondicional.
- No seas un jefe: sé un líder.
- Los gerentes a menudo son influidos por ideas erróneas y mitos en torno a la administración. No sigas automáticamente el ejemplo de tus antiguos jefes.
- No seas ni estricto ni relajado. El estilo más eficaz de supervisión está en alguna parte en medio de estos dos extremos; se encuentra cimentado en la comprensión del comportamiento humano y en cómo se aplica este conocimiento al trabajar con la gente bajo tu mando.
- Elogia a la gente por un trabajo bien hecho. Los logros que no se reconocen son como plantas que no se riegan. La productividad se marchitará.
- Sigue la regla de platino: "Trata a los demás como ellos quieren que los trates".
- Siempre debemos estar presentes para nuestra gente.

CAPÍTULO 2

CARACTERÍSTICAS DE LOS LÍDERES EXITOSOS

No es necesario ser un líder nato; la mayoría de la gente puede volverse líder si se capacita, pero hay algunas características que deben adquirirse para llegar a ser realmente un gran líder. A lo largo de los años se han hecho muchos estudios sobre cuáles son estas características.

Aunque las fortalezas y habilidades individuales puedan variar, la investigación indica que los gerentes sobresalientes ven el mundo de maneras similares. Las siguientes son las cualidades observadas más comúnmente en los líderes exitosos:

Tienen valores fuertes y altos estándares éticos

Podemos aprender mucho siguiendo la filosofía de Sir John Templeton, fundador del Templeton Fund, uno de los fondos de inversión más redituables del mundo. Él basa sus prácticas comerciales en la creencia de que la gente más exitosa a menudo es la más motivada en un sentido ético.

Afirma que es probable que estas personas posean el más agudo entendimiento de la importancia de la moralidad en los negocios, y por lo mismo puede confiarse en que serán justas con sus clientes y no los engañarán.

El trabajo arduo combinado con la honestidad y la perseverancia es el quid de la filosofía de Templeton. "Los individuos que han aprendido a entregarse a su trabajo son exitosos. Se han ganado lo que tienen. Más que conocer simplemente el valor del dinero, conocen su propio valor."

Lideran con el ejemplo y actúan con integridad tanto en su vida profesional como privada

Ya sea que estén implementando sus ideas o las de otros, trabajan para asegurarse de que lo que se planeó, se cumpla. No hay nada más poderoso para reforzar las habilidades de liderazgo que tener éxitos y logros. Trabajar duro para cumplir las metas fijadas por el líder y sus asociados aumentará las probabilidades de tener éxito y motivará al líder y al grupo a seguir adelante.

Conocen a fondo las metas corporativas y departamentales, y se mantienen al tanto de los cambios

Los mejores líderes se fijan altos estándares y luego trabajan arduamente para cumplir sus metas. Como todos, cometeremos errores, y cuando suceda, debemos verlos como experiencias de aprendizaje y convertirlos en éxitos. Como dijo alguien: "Si nunca has cometido errores, nunca has tomado decisiones".

Son proactivos y tienen motivación propia para obtener resultados

Nunca están completamente satisfechos consigo mismos. Se mantienen al día no sólo con las vanguardias en su campo, sino que aumentan sus conocimientos y comprensión en una variedad de áreas. Leen publicaciones especializadas y revistas de sus temas de interés. Leen extensamente. Asumen papeles activos en asociaciones profesionales y comerciales no sólo para estar en contacto con los nuevos desarrollos, sino también para compartir sus ideas con colegas de otras organizaciones. Asisten y participan en convenciones y conferencias, y desarrollan redes de contactos a los que pueden recurrir para obtener conocimientos o ideas al paso de los años.

Son fuertes comunicadores y excepcionalmente buenos para escuchar

Escuchan a su gente y reconocen que los hombres y las mujeres, incluso aquellos que no están en posiciones de liderazgo, pueden aportar ideas y sugerencias valiosas. El buen líder establece ambientes de cooperación y colaboración en los que todos los implicados saben que su aporte a las decisiones será bien recibido.

Son flexibles bajo presión y mantienen sus emociones bajo control

Cuando enfrentan el fracaso, sus convicciones evitan que sucumban ante la derrota. En el capítulo 1 hablamos de cómo recuperar la confianza en uno mismo después de haber sufrido una derrota. Los buenos líderes siguen este consejo. No permiten que los fracasos ni las decepciones les impidan alentar a su gente para que lleven adelante lo que se tenía empezado.

Por lo general, la persona que llega más lejos es la que está dispuesta a hacer las cosas y arriesgarse. La lancha que va a la segura nunca se aleja mucho de la costa.

DALE CARNEGIE

Tienen una actitud positiva

La práctica de pensar de manera positiva incrementa en gran medida nuestras habilidades tremendamente, por dos razones. Primera, porque descubre una habilidad que antes estaba encerrada, hace aflorar recursos hasta ahora desconocidos, y segunda, mantiene nuestra mente en armonía al matar el miedo, la preocupación y la ansiedad, y destruir a todos los enemigos de nuestro éxito, de nuestra eficiencia. Pone nuestra mente en condiciones de triunfar. Afina nuestras facultades, las agudiza, porque nos da una nueva perspectiva de la vida, y hace que nos volvamos hacia nuestra meta, hacia la certeza, hacia la seguridad, en vez de ver hacia la duda, el temor y la incertidumbre. Debemos acentuar lo positivo en nuestros pensamientos y acciones. Si pensamos de manera positiva es más probable que nuestros asociados también lo hagan.

Su mente está abierta a nuevas ideas y a recibir sugerencias

Aun después de implementar cambios y mejoras, siguen buscando maneras aún mejores de lograr sus objetivos. Se toman el tiempo de averiguar qué motiva a cada miembro del equipo y disfrutan de motivarlos y ayudarlos a triunfar. Los grandes líderes entienden a la gente: qué la hace actuar y reaccionar de cierta manera. Reconocen la importancia de ser un factor de motivación para la gente —apelando a las motivaciones y los sentimientos de los demás—. Se interesan genuinamente en la gente con la que interactúan. Como Dale Carnegie señaló de manera sucinta: "Puedes hacer más amigos en dos meses si te interesas de manera genuina en los demás que en dos años tratando de que los demás se interesen en ti".

Reconocen y maximizan las fortalezas de los demás

A menudo la gente en puestos de autoridad puede obligar a sus subordinados a seguir órdenes sólo por el poder que conlleva su puesto. Pero las personas así no son verdaderos líderes. Sí, las órdenes serán obedecidas, pero eso es todo lo que va a pasar. Los verdaderos líderes desarrollan confianza y seguridad en sus asociados; los ven como asociados, no como subordinados. Esto genera un deseo no sólo de seguir lo que ha indicado el gerente, sino también de iniciar, innovar e implementar sus propias ideas que coincidan con los objetivos planteados.

Se hacen responsables a sí mismos y a los demás de los resultados

Fijan estándares, que son entendidos y aceptados por sus asociados, y trabajan para cumplirlos. Toman acción inmediata para corregir las desviaciones. Reconocen sus propias limitaciones y buscan ayuda cuando la necesitan.

Son eficientes y manejan su tiempo de manera eficaz

Desarrollan horarios significativos, aprenden a priorizar, y a minimizar las interrupciones y distracciones.

Son creativos e innovadores. No tienen miedo de probar nuevas ideas

Los buenos líderes no son autocomplacientes. Constantemente están en alerta para hacer innovaciones que mejoren la forma en que se trabaja; se aseguran de la continua satisfacción del cliente e incrementan la rentabilidad de la organización. Su mente está abierta a nuevas ideas y a recibir sugerencias. Aun después de implementar cambios y mejoras, siguen buscando formas aún mejores de alcanzar sus objetivos.

Tienen visión

Los grandes líderes saben lo que quieren lograr y los pasos que deben seguir para cumplir sus metas. Miran más allá de los objetivos a corto plazo y mantienen el panorama completo claramente enfocado. Theodore Hesburgh, antiguo presidente de Notre Dame University, expresó esto de manera sucinta: "La esencia misma del liderazgo es que debes tener visión. Tiene que ser una visión que articules de manera clara y enérgica en cada ocasión. No puedes mover la batuta con indecisión".

Se enfocan en hacer las cosas

Todos hemos conocido a personas en puestos gerenciales que parecen tener grandes atributos de liderazgo, pero nunca acaban de triunfar. En alguna parte del camino, se les fue el barco.

He aquí un ejemplo. Cuando la Compañía Distribuidora ABC contrató a Brian como gerente regional de ventas, estaban entusiasmados con él. Venía con muy buenas recomendaciones. En el proceso de selección había impresionado al gerente de mercadotecnia con su extenso conocimiento de los mercados, sus ideas innovadoras para incrementar las ventas y su personalidad encantadora. En las primeras semanas en el trabajo desarrolló un programa de mercadotecnia creativo y exhaustivo para su región. Se pasó semanas puliéndolo, escribiendo contenidos y diseñando gráficas. Esto llevó a que hiciera varias presentaciones impresionantes ante la gerencia y la fuerza de ventas. Y hasta ahí llegó. Nunca fue capaz de salir a hacer funcionar el programa. Cuando el gerente de mercadotecnia volvió a checar con su antigua compañía, descubrió que Brian había sido parte del equipo de marketing —y era brillante en su trabajo— pero nunca había sido responsable de la producción. Le faltaba el ingrediente clave del liderazgo: hacer las cosas.

No se desaniman fácilmente
Cuando se enfrentan al fracaso toman las riendas y luchan por superar el problema. Un buen ejemplo es Tom Monaghan, fundador de Domino's Pizza. Él desarrolló esta compañía desde sus inicios con una sola pizzería hasta volverla una cadena con varios miles de puntos de venta de entrega a domicilio en un periodo de unos 30 años. En 1989 vendió la compañía. Después de dos años y medio la compañía que compró la cadena perdió el impulso que Monaghan había generado. Para salvarla, él la volvió a comprar y regresó a su puesto de director ejecutivo. Revitalizó la compañía y la expandió a más de 5 000 tiendas en Estados Unidos, y más de 3 000 en otros países.

La transición de hacer a liderar

Una de las principales razones por las que las personas son ascendidas a puestos gerenciales y de liderazgo es porque eran eficaces en el trabajo que desempeñaban. Cuando nos dan ese ascenso, nuestro trabajo es lograr que otros puedan hacer las cosas igual de bien o incluso mejor que nosotros. Esto requiere una serie de habilidades totalmente distintas. Nuestro éxito depende de que llevemos a cabo la transición de hacer a liderar para poder aprovechar nuestras habilidades y nuestro tiempo.

El equilibrio entre la gente y el proceso

Para ser eficaces como gerentes tenemos que encontrar el equilibrio entre la gente y el proceso. Estar demasiado enfocados en la gente significa que si se va una persona clave, todo se detiene. Estar demasiado enfocados en el proceso significa que se han implementado sistemas estupendos, pero nadie los entiende o quiere trabajar con ellos. El enfoque en el proceso dice: "Éste es el plan y así vamos a hacer las cosas". El enfoque en la gente dice: "Hablemos del plan y de por qué hacemos las cosas". Con el balance correcto, tanto la productividad como el compromiso se mantienen en su nivel más alto.

El equilibrio entre motivación y rendición de cuentas

Sin motivación no se hace nada, pero algunos piensan que en cuanto tratamos de pedirle a la gente que rinda cuentas se desmotiva. Esto no es necesariamente cierto. Podemos desarrollar herramientas para hacer que la gente rinda cuentas de sus metas, objetivos y compromisos, y al mismo tiempo se mantenga motivada. Con este equilibrio tendremos más control de los resultados, para nosotros y nuestro equipo.

Si la gente en general no te cae bien, hay una forma sencilla de cultivar esta característica: sólo busca los rasgos buenos. Sin duda encontrarás algunos.

DALE CARNEGIE

Comunicar y entrenar para obtener resultados

Hoy, más que nunca, el trabajo de un gerente es desarrollar a la gente. Cuando podemos crear un ambiente donde la gente obtiene resultados, desarrolla nuevas habilidades y se vuelve exitosa, estamos cumpliendo nuestra vocación más elevada como gerentes y líderes. Comunicarse con fuerza y sensibilidad, ser un entrenador y desarrollar a la gente son la máxima prioridad de un líder.

Una de las razones por las que se suele ascender a la gente a una gerencia es porque ha demostrado tener las habilidades y conocimientos necesarios para sobresalir en su área de especialidad. Ahora, el éxito depende no del logro personal sino de entrenar a los otros y llevarlos al éxito. La transición exitosa de trabajador a gerente requiere de una nueva mentalidad y de un nuevo conjunto de habilidades. El siguiente cuadro muestra las diferencias entre ser un trabajador y ser un líder exitoso:

Trabajador	Gerente o líder
Necesita guía y dirección	Planea la estrategia, prioriza y canaliza la acción para apoyar a la directiva
Se ajusta a la estructura	Proporciona la estructura y define las políticas
Tiene una perspectiva a corto plazo	Tiene una perspectiva a largo plazo
Acepta y acata	Desafía, convence e influye
Demuestra habilidades en áreas específicas	Encuentra oportunidades para capitalizar las fortalezas individuales
Quiere entender: "¿Yo qué gano?"	Motiva, energiza y genera compromiso y participación

Trabajador	Gerente o líder
Evita riesgos y conflicto, y busca la continuidad	Toma riesgos, continuamente reevalúa, y acepta el conflicto y el cambio
Busca que lo escuchen y lo entiendan	Escucha y trata de entender
Identifica lo que le falta para sobresalir en su trabajo	Brinda entrenamiento, apoyo, guía y los recursos necesarios para tener éxito
Busca propósito	Brinda un propósito con entusiasmo, pasión y convicción
Anhela mayor confianza, involucramiento, responsabilidad y tener participación	Invita a la participación, luego delega, empodera y exige rendición de cuentas
Necesita reafirmación y retroalimentación	Brinda retroalimentación constante sobre el desempeño
Prospera al recibir reconocimiento y aprecio	Constantemente hace crecer la confianza, muestra su aprecio y comparte la gloria
Busca una trayectoria profesional clara	Brinda oportunidades de crecimiento

Cómo fijar metas y hacer planes para alcanzarlas

El primer paso para aplicar nuestras habilidades de liderazgo es fijar metas. Como un buen navegante, el líder eficaz determina qué metas deben fijarse, y cómo y cuándo alcanzarlas.

Algunas personas prefieren el término *objetivos*. Metas y objetivos son términos intercambiables que describen el propósito, o los resultados a largo plazo, hacia los que se encaminan los esfuerzos de una organización o individuo.

Hay personas a las que les gusta viajar sin mapas. Quieren navegar las corrientes y esperan encontrar aventura y fortuna —y a veces lo logran—, pero los líderes y gerentes de compañías y otras organizaciones no pueden permitirse esos riesgos. Puesto que tienen responsabilidades para con sus equipos, tienen que saber a dónde quieren ir, qué quieren lograr, qué clase de problemas pueden encontrarse en el camino y cómo superarlos.

A menos que sepamos exactamente qué queremos lograr, no hay manera de medir qué tan cerca estamos de lograrlo. Las metas específicas nos dan un parámetro para medir nuestro progreso.

Las metas que fijemos para cumplir la misión de nuestro equipo deben estar en sintonía con las metas más amplias que nuestra organización nos haya fijado. Si no coordinamos los objetivos de lo que planeamos lograr para nuestro puesto, departamento o equipo con los objetivos de la organización, estaremos desperdiciando nuestro tiempo y energía.

Las metas son la base de los programas motivacionales. Al esforzarnos por alcanzar nuestras metas, nos motivamos. Al conocer las metas de los miembros de nuestro equipo y ayudarlos a alcanzar esas metas, ayudamos a motivarlos.

En la mayoría de las organizaciones las metas generales de panorama completo son fijadas por la directiva y transmitidas a los departamentos o equipos, que las usan como directrices para fijar sus propias metas.

El proceso de fijar metas
El proceso de fijar metas toma tiempo, energía y esfuerzo. Las metas no son algo que garabateamos en una servilleta en

el descanso de café. Debemos planear lo que verdaderamente queremos lograr, establecer calendarios, determinar quién será responsable de cuál aspecto del trabajo, y luego anticipar y planear la solución de cualquier obstáculo que pueda amenazar con impedir el cumplimiento de nuestras metas.

Las metas deben decirse con claridad. Todos los que deban cumplirlas tienen que entenderlas a la perfección. Los gerentes —ya sea en la cima del escalafón o en cualquier otro nivel de la jerarquía gerencial— no sólo deben estar al tanto de las metas de la compañía, sino plenamente comprometidos con ellas.

Ventajas de fijar metas

- Fijar metas ayuda a motivar a los individuos que desempeñan las tareas. Si la gente sabe por qué se requiere algo, es más probable que aprenda a hacerlo bien para así cumplir el objetivo, más que si sólo se le dice qué hacer. La gente se enorgullece de hacer bien su trabajo. A menos que conozcan los objetivos del trabajo que están haciendo, en realidad no pueden saber si están cumpliendo de manera satisfactoria o no.

  Por ejemplo, Neil, un estudiante de ingeniería, estaba en un programa de educación cooperativa en el que trabajaba tres meses en la industria y luego asistía tres meses a clases. Su trabajo era en el laboratorio de investigación de una compañía grande de plásticos, donde se le asignó la labor rutinaria de hacer pruebas. El trabajo era repetitivo y aburrido, y Neil pronto perdió el interés y su desempeño cayó. El gerente del laboratorio, al ver el efecto que esto tenía sobre el trabajo, habló en privado con Neil y le explicó cuidadosamente la importancia de las pruebas, el uso que se daba a los resultados y la contribución exacta de la actividad para cumplir la meta de la compañía de producir un producto de excelencia. Una vez que Neil comprendió la importancia de su trabajo, mejoró su desempeño y pronto estaba dando resultados de primer nivel.

- **Fijar metas nos da consistencia en la planeación.** Cuando varias personas intervienen en hacer planes para una organización, una comprensión exhaustiva de los objetivos generales volverá más fácil desarrollar planes que estén en sintonía con ellos. Cada persona involucrada en el proceso de planeación no pierde de vista las metas generales y acomoda su aspecto de la planeación dentro del panorama general.

- Fijar metas proporciona una base sólida para la coordinación y el control. Con fundamento en estas metas pueden fijarse los estándares de desempeño que a su vez sirvan de indicadores para poder medir el desempeño real.

Integra la flexibilidad

A veces simplemente no podemos alcanzar una meta. Las circunstancias pueden cambiar. Lo que alguna vez parecía viable quizá haya dejado de serlo. En vez de frustrarnos, deberíamos ser flexibles.

Metas cambiantes ante circunstancias cambiantes

Todos fijamos metas con base en ciertas circunstancias que anticipamos durante la vida de un proyecto. Sin embargo, las circunstancias pueden cambiar y las metas originales quizá tengan que ajustarse. Para anticiparse a este desenlace, muchas compañías usan un programa para fijar metas que consta de tres niveles:

Opción 1: Una meta principal o estándar. Lo que planeamos lograr si todo sale bien.

Opción 2: Una meta ligeramente más baja. Si las circunstancias cambian y se vuelve evidente que no podremos alcanzar nuestra meta principal, en vez de empezar de cero a redefinir nuestro objetivo, podemos pasar a esta alternativa.

Opción 3: Una meta más elevada. Si estamos haciendo mayor progreso del que creímos posible al principio, en vez de ser autocomplacientes por haber superado el objetivo, cambiemos a esta alternativa y logremos aún más.

Tomemos, por ejemplo, a PCX, una compañía en el área metropolitana de Filadelfia que da servicio técnico y repara computadoras. Su meta de ventas para un año era abrir diez cuentas nuevas. Para no perder clientes, cuando un competidor nacional abrió un centro de servicio en la misma comunidad, todas las energías de la compañía tuvieron que redirigirse a conservar sus cuentas actuales. Entonces, la meta de atraer nuevos clientes se tuvo que reducir.

Por otro lado, si PCX estuviera teniendo un buen año, podría acelerar sus metas. Si en el primer semestre hubiera conseguido ocho clientes nuevos, automáticamente podría elevar su meta a un nivel mayor.

Cómo lograr que el equipo se convenza del proceso de fijar metas

Hace poco, en un seminario sobre fijar metas un participante se quejó: "Me cuesta trabajo hacer que la gente se convenza del concepto del panorama general. Están tan absortos en su trabajo individual que no pueden ver más allá de sus propios problemas". He aquí la manera de superar esta clase de situación:

1. Incluye a todo el departamento o equipo de trabajo en las primeras etapas del proceso de planeación.
2. Discute los puntos principales del plan.

3. Pídele a cada persona que describa cómo va a encajar dentro del plan general.
4. Dale a cada persona la oportunidad de comentar sobre cada etapa del proyecto.

Dividir una meta a largo plazo en pequeños bocados que la gente pueda entender la ayudará a ver cómo su parte en un proyecto encaja con las demás. Entonces también podrá ver cómo fijar metas generales para su equipo o para el proyecto a largo plazo.

Familiarízate a fondo con las metas de cada miembro del equipo. Si sus metas no están en sintonía con las de la compañía, departamento o equipo de trabajo, demuéstrales que aplicar sus habilidades a cumplir las metas del equipo aumentará sus oportunidades de cumplir sus propias expectativas.

El proceso de planeación

El equipo entero debería participar en el desarrollo de los planes para cada proyecto o tarea. Como supervisores o líderes del equipo, debemos coordinar y guiar el proceso. Asigna aspectos específicos de la planeación a los asociados que los conozcan más a fondo, coordina el proceso y toma las decisiones que tengan un impacto significativo sobre todo el proyecto.

La planeación debe ceñirse a las metas de la organización. A menos que uno se apegue a estas metas, la planeación será caótica. Una vez que las metas estén claramente definidas, los proyectistas deberán diagnosticar qué problemas va a cubrir el plan. Para hacer esto, primero hay que *clarificar el problema*. Asegúrate de que cada uno de los proyectistas entienda el problema de la misma manera. Por ejemplo, si el objetivo general de un plan es incrementar las ventas, pero un participante diagnostica la situación como un problema de técnica de ventas mientras que otro lo ve como un problema de precios, no podrá alcanzarse una solución. Para garantizar que la situación se entienda claramente por todos los proyectistas, haz estas preguntas:

¿Qué debe hacerse? ¿Se trata de corregir la ineficiencia? ¿De prepararse para contingencias? ¿De cambiar un método? ¿O una cuestión específica?

¿Por qué debe hacerse? Si no se hace, ¿qué va a pasar? ¿Esta acción es esencial para solucionar problemas actuales o prepararse para el futuro? ¿Cómo afectará esta acción las metas de la compañía?

¿Cuándo debería hacerse? ¿Hay una urgencia inmediata? Si no, ¿qué calendario debemos establecer para lograrlo?

¿Dónde tendrá lugar? ¿Hay instalaciones disponibles para el plan y su implementación?

¿A quién se le va a asignar el desarrollo del plan? ¿Se le va a asignar a un grupo especial de planeación o a los miembros del equipo que participen en la operación actual y que serán los responsables de implementarlo?

¿Cómo se va a llevar a cabo? ¿De qué manera se va a hacer el plan y después a implementarse?

La gente exitosa saca provecho de sus errores y lo vuelve a intentar de otra manera.

DALE CARNEGIE

Procedimientos estándar de operación: la biblia de la compañía

Un tipo de planeación que se usa con frecuencia es el establecimiento de procedimientos estándar de operación, a veces llamados prácticas estándar, que detallan los planes y políticas de la organización. Aunque las organizaciones progresivas suelen limitar los procedimientos estándar a cuestiones tales como políticas laborales, medidas de seguridad y cuestiones relacionadas, muchas compañías incorporan los métodos y procedimientos laborales específicos a su "biblia" o bien los publican en los "manuales" que la acompañan. Proporcionar políticas y procedimientos para las actividades de rutina elimina la necesidad de volver a planearlas cada vez que ocurran. Dado que estos procedimientos operativos establecen estándares que todo mundo debe seguir, todos los empleados que trabajen con los manuales pueden consultarlos en cualquier momento, lo cual garantiza consistencia al lidiar con situaciones particulares.

Si tenemos que desarrollar procedimientos estándar de operación, que sean simples. Muy a menudo los procedimientos de operación se vuelven complicados por el deseo de los gerentes de cubrir cada contingencia posible. No se puede.

A menudo los gerentes tendrán que tomar decisiones basados en factores imprevisibles. Los procedimientos estándar de operación deben cubrir las cuestiones comunes a detalle pero dejar espacio para que los gerentes (o gente ajena a la gerencia, cuando sea apropiado) puedan tomar decisiones espontáneas cuando las circunstancias lo ameriten.

Los procedimientos estándar de operación también deben ser flexibles. No hagas procedimientos tan rígidos que no se puedan cambiar cuando las circunstancias cambien. Los planes pueden volverse obsoletos debido a nuevas tecnologías, competencia, regulaciones gubernamentales, o el desarrollo de nuevos métodos más eficientes. En los procedimientos estándar de operación debes integrar una política de revisión y ajuste periódicos.

También ten en cuenta que no todos los planes son procedimientos estándar de operación. Los planes pueden desarrollarse con fines especiales, a veces para usarse sólo una vez, y a veces para proyectos que duran varios meses e incluso años.

Los procedimientos estándar de operación son sólo una fase de la planeación. Como se mencionó, lo mejor es que sólo aborden las cuestiones fundamentales de manera amplia, para que los planes específicos se puedan diseñar para los nuevos proyectos a medida que se vayan creando.

Una guía para hacer procedimientos estándar de operación exitosos:

- Enuncia claramente qué acciones se esperan de cada participante.
- Especifica dónde se pueden permitir desviaciones y dónde no.
- Pon a prueba el procedimiento estándar de operación antes de darlo por bueno.

Obstáculos para exigir la rendición de cuentas

Por muy bien diseñados que estén nuestros planes, probablemente habrá retos por parte de nuestros asociados o de otros gerentes. Nuestros resultados, y los resultados de nuestro equipo, dependen de cómo se manejen esas situaciones. Se requiere ser justos, consistentes y enérgicos en el lugar correcto, el momento correcto y de la manera correcta. Sin esto, la moral puede desplomarse hasta frenar a todos, afectando la productividad, la lealtad de los clientes y la lealtad de los empleados: elementos indispensables en la fuerza laboral actual que es altamente competitiva. He aquí algunas sugerencias de cómo lidiar con esto:

1) Asegúrate de que todos los objetivos y las metas sean claros y que se hayan comunicado a todos los involucrados, y que no sólo los entiendan sino que los acepten.

2) Los objetivos de desempeño deben indicarse con claridad. Cómo hacer esto se discute en el capítulo 5.

3) Las metas y los estándares no deben modificarse a menos que surja algún problema serio que cambie los alcances del proyecto.

4) Asegúrate de que todos los involucrados estén convencidos de las metas y estándares, y los sientan como propios.

5) Hay que determinar los indicadores y los métodos para medir, monitorear y comunicar los logros.

6) Anima a tus asociados a hacer las preguntas correctas para descubrir las barreras que impidan obtener resultados.

7) Fija y cumple los calendarios.

8) Proporciona técnicas de entrenamiento y retroalimentación.

9) Pon atención a la falta de motivación y agotamiento de los participantes del proyecto y toma acciones para corregirlo.

10) Establece sistemas de recompensas relevantes por el cumplimiento de metas.

Síntesis y esencia

Los líderes eficaces siguen estos principios:

- Los miembros del equipo responden mejor a un liderazgo participativo que a uno autoritario.
- A los asociados se les deberían dar todas las oportunidades de usar sus talentos, habilidades y capacidad mental.
- El buen líder establece un ambiente de cooperación y colaboración en el que todos saben que su participación en las decisiones será bien recibida.
- Los buenos líderes se ven a sí mismos como facilitadores. Su trabajo es ayudar a que sus asociados puedan cumplir con sus tareas más fácilmente.
- Los líderes eficaces están listos para tomar la iniciativa, para actuar más que reaccionar.
- Los mejores líderes se fijan altos estándares y luego trabajan arduamente para alcanzar sus metas.
- Se enfocan en que las cosas se hagan y no se desaniman fácilmente.

Principios para rendir y hacer rendir cuentas

Nosotros, como líderes de nuestros equipos, somos los principales responsables de su éxito o fracaso. Para garantizar el triunfo, tenemos la obligación de asegurarnos de que nuestros asociados reconozcan que ellos también tendrán que rendir cuentas.

He aquí algunas directrices para ayudar con esto:

- Fija metas inmediatas, a mediano y largo plazos.
- Sintoniza los objetivos de desempeño con la estrategia corporativa.

- Mantente al tanto de los cambios en los alcances del proyecto, y modifica las metas, procedimientos y fechas de entrega, en caso necesario, cuando cambien los planes o los proyectos.
- Genera aceptación y convencimiento de las metas y los estándares establecidos.
- Transmite de manera consistente las metas, los objetivos, los puntos de control e indicadores fijados a todos los involucrados.
- Haz las preguntas correctas, confronta los desafíos de frente, y busca que los demás aporten ideas para eliminar las barreras que impiden alcanzar las metas.
- Prioriza las actividades, mantente enfocado, y maneja tu tiempo con base en las metas de desempeño.
- Establece un sistema de mentores y aprende maneras eficaces de dar entrenamiento y retroalimentación constructiva.
- Mantén el entusiasmo, el compromiso y la motivación, a través del reconocimiento sincero y consistente.
- Desarrolla un sistema en el que se recompensen, de manera relevante, las metas alcanzadas.

CAPÍTULO 3

CÓMO MOTIVAR A NUESTRO PERSONAL

Cuando los integrantes de nuestro equipo se presentan a trabajar, alguna vez te preguntas: "¿Están contentos de estar aquí?" "¿Preferirían estar trabajando para alguien más?" "¿Lo único que los motiva a venir a trabajar es el salario que les pagamos o las prestaciones que ofrece la compañía?" Estas preguntas son importantes, pero hoy en día la mayoría de las compañías pagan salarios satisfactorios y ofrecen paquetes de prestaciones equiparables. Tiene que haber algo más.

Los cinco factores motivadores

Los psicólogos nos dicen que existen cinco factores motivadores básicos en la relación de una persona con su trabajo:

- Reconocimiento como individuo
- Orgullo en el propio trabajo
- Sentido de pertenencia
- Trato justo
- Oportunidad de expresar ideas

Reconocimiento como individuo

Cada integrante de nuestro equipo es diferente de los demás y de nosotros. A cada persona le gusta sentir que reconocemos estas diferencias y la tratamos como alguien especial, y no como una pieza genérica intercambiable. Los supervisores deben escuchar y observar a la gente a su cargo y aprender a diferenciarla; aprender sus fortalezas y limitaciones, sus gustos y aversiones, cómo actúan y cómo reaccionan, y ajustar la manera de tratar a cada uno a su modo de ser individual.

Al prestar atención a estas diferencias aprendemos que cada quien tiene por lo menos un tema que le preocupa en especial sobre su trabajo. Descubrimos que Joe está muy preocupado por la seguridad y no va a exponerse por miedo a fracasar y quizá poner en riesgo su trabajo. Notamos que Betty es muy ambiciosa y quiere ascender lo más rápido que pueda. Del resto del equipo, Sam y Lil necesitan reafirmación constante mientras que Karen siempre está probando nuevos enfoques. Al tener en mente estas diferencias individuales podremos trabajar más eficazmente con cada uno para ayudarlos a obtener lo que más necesitan de nosotros como sus gerentes.

Orgullo en el propio trabajo

La mayoría de quienes han alcanzado puestos gerenciales o de supervisión se enorgullecen de su trabajo. Por lo regular se han ganado ese puesto y tienen logros significativos en su trabajo. Estos hombres y mujeres son considerados una parte importante de la compañía. Si podemos infundir este sentido de orgullo en *toda* nuestra gente, subirán la moral y el compromiso.

Para lograr esto, a cada empleado nuevo se le debe dar una orientación a fondo de lo que hace el departamento y cómo se relaciona con las actividades generales de la empresa. También se le debe explicar cómo la actividad específica que realiza ayuda al departamento y a la compañía a cumplir su misión.

Se debe expresar reconocimiento y elogio cuando sea apropiado. Dale Carnegie nos animaba a ser "efusivos en nuestra aprobación y generosos con nuestros elogios". Cuando la gente sabe que su trabajo se reconoce, desarrolla un sentido de orgullo que se mantiene.

Sentido de pertenencia

Muchas organizaciones presumen del compañerismo que generan. El espíritu de equipo es esencial para una actividad grupal exitosa. A la gente le gusta sentir que es parte de algo más grande que sí misma: un equipo, un grupo social, un cuerpo militar o una empresa. Estos sentimientos fluyen directamente del orgullo en el propio trabajo, pero eso es sólo el principio. La gente está más feliz, es más cooperativa y productiva cuando se identifica con su grupo: sobre todo un grupo exitoso y eficaz. La gente presume de haber pertenecido al Cuerpo de Infantes de Marina de Estados Unidos mucho después de haber terminado su servicio. La gente les cuenta a los demás con orgullo que es empleada de IBM, AT&T, Sony, Toyota u otras compañías prestigiosas.

¿Cómo podemos desarrollar este sentimiento de pertenencia en nuestra gente? Los buenos gerentes desarrollan el espíritu de equipo en su gente al mantener los objetivos claramente enfocados y mediante su punto de vista en la determinación de cómo van a cumplirse estos objetivos. Cuando involucramos a los miembros del equipo en las decisiones que afectan su trabajo, sienten que son importantes para el departamento y esto reafirma su compromiso. Si el trabajo los entusiasma, estarán motivados para hacer su mejor esfuerzo.

Un entusiasmo ardiente, respaldado por buen juicio
y persistencia, es la cualidad que con más frecuencia lleva
al éxito.

DALE CARNEGIE

Trato justo

Las políticas y los procedimientos deben establecerse, comunicarse con claridad a todos los empleados y administrarse de manera consistente. Cindy y Sandy tienen problemas de puntualidad. A la jefa le cae bien Cindy, pero no le tiene mucho aprecio a Sandy. Toma las medidas disciplinarias por impuntualidad en el caso de Sandy, pero a Cindy sólo le llama la atención.

Esto no sólo molestará a Sandy, sino que la demás gente del departamento lo verá como algo injusto. La gente que cometa las mismas faltas debería recibir el mismo trato.

La gente responde de manera emocional —no racional— cuando sus intereses personales se ven amenazados. El deseo de ser tratado de manera justa está profundamente arraigado en la composición emocional de las personas. El favoritismo es lo que más desmotiva. Destruye el sentimiento de seguridad en los otros, que temen que sus propios esfuerzos y valía no sean reconocidos.

Oportunidad de expresar ideas

Billy nunca olvidó a su primer jefe. "Se me ocurrió una gran idea que podía elevar la producción en mi departamento. Todo emocionado, fui a decírsela a mi jefe. Ni siquiera me escuchó. Me dijo: 'Te pagan por trabajar, no por pensar. Regresa a tu máquina'. Nunca volví a sugerir otra idea en todo el tiempo que estuve en ese trabajo."

La gente que está haciendo el trabajo suele tener un amplio conocimiento de la operación y a menudo puede dar buenas sugerencias. Todos somos más creativos de lo que creemos. Debemos volver una práctica el animar a nuestra gente a hacer sugerencias y tomar cada una en serio. Si una no es aceptable, explica por qué, pero nunca las ignores.

Los empleados deberían sentirse en libertad de discutir su progreso personal con su gerente. Algunos supervisores sin darse cuenta ponen una barrera entre ellos y su gente, de modo que los asociados no se sienten cómodos de hablar con ellos. Quizá no nos demos cuenta de esto, pero si la gente rara vez se acerca a contarnos sus problemas, no quiere decir que no los tenga. Es más probable que los empleados no se sientan en libertad de discutirlos con nosotros.

Qué emociona a los empleados

Echemos otro vistazo a algunos de los factores que los empleados buscan en su trabajo:

Reconocimiento y aprecio
Como mencionamos antes, el reconocimiento es un factor clave. Esto se vio confirmado por un reporte de la Society for Human Resource Management (Sociedad para la gestión de Recursos Humanos), basado en una encuesta Gallup de 400 compañías. El estudio confirmó que la relación de un empleado con su jefe directo influye más para que permanezca en el trabajo, que su paga o prestaciones. Un liderazgo justo e inspirador, con entrenamiento y orientación, conserva a los empleados. Otra encuesta Gallup reveló que un indicador clave de la satisfacción y productividad del empleado es creer que su jefe lo aprecia y le tiene confianza.

A algunas personas las motivan más otros incentivos que el dinero. En un estudio de Employee Retention Headquarters, el reconocimiento y la participación se citan más que el dinero como factores que hacen felices a los empleados. Es necesario convencerlos, de manera verbal y no verbal, que la gerencia respeta su puesto y que son importantes para el éxito de la organización. Les gusta celebrar las metas cumplidas y las victorias, en público y en privado, de palabra y por escrito, de manera puntual y sincera.

Trabajo estimulante y gratificante

En octubre de 2003 la American Society for Training & Development (ASTD, por sus siglas en inglés) reportó en su boletín informativo que para la mayoría de los trabajadores hoy en día un trabajo estimulante y valioso es más importante que el salario y los ascensos. Es difícil ponerle precio al entusiasmo y la emoción por un trabajo. Los gerentes, que fomentan la participación de los empleados y los incluyen en los proyectos desde las primeras etapas, obtienen más ideas creativas y logran una mayor dedicación del empleado, y que se sienta orgulloso de los resultados. Los empleados que participan activamente en la toma de decisiones de un amplio espectro de temas ayudan a crear un ambiente que les gusta y en el cual se quieren quedar.

Una trayectoria profesional clara y oportunidades de desarrollo

Al brindar a los empleados oportunidades de desarrollo tanto personal como profesional, es menos probable que busquen otro lugar. Proporcionar oportunidades de capacitación para el desarrollo de nuevas habilidades y el desarrollo profesional es una indicación de que el gerente está dispuesto a invertir en beneficio de un empleado. Esto es crítico para conservar a los empleados. Animar a los trabajadores a unirse a asociaciones profesionales pagándoles la membresía, y dándoles el tiempo libre y las cuotas necesarias para asistir a comidas y conferencias, los motiva. Las compañías con altas tasas de retención de empleados tienen la reputación de contratar de manera interna. Una trayectoria profesional acordada en conjunto ganará el compromiso de los empleados y asegurará su aceptación de las metas y la dirección de la organización.

Gerentes que respetan una vida equilibrada

Las organizaciones que cumplen lo que predican sobre una vida equilibrada tienen tasas de retención más altas que las que creen que el empleado debe comer, dormir y respirar su trabajo. Reconocer y respetar la importancia de la vida familiar y privada de los empleados previene el agotamiento y fomenta la lealtad. De acuerdo con la Society for Human Resource Management, los empleadores deben ser conscientes de las cuestiones de calidad de vida laboral. Deben estar dispuestos a ofrecer horarios flexibles y ser sensibles a cuestiones desafiantes como una doble carrera, el cuidado de los hijos y el cuidado de padres mayores.

Remuneración y prestaciones competitivas

El dinero es importante, pero es menos importante de lo que podemos pensar. Los empleados esperan que se les pague un sueldo justo y competitivo. Sienten que tienen derecho a las prestaciones estándar de un seguro de salud y un plan de retiro. En una encuesta, 92% de los entrevistados indicó que un aumento de 10 000 dólares anuales no los animaría a cambiar de compañía si estaban recibiendo capacitación para desarrollarse en un sentido personal y profesional.

Sólo hay una manera de lograr que alguien haga algo, y es conseguir que la persona quiera hacerlo.

DALE CARNEGIE

Motivar para el máximo desempeño

Nuestra primera labor como gerentes o líderes es desarrollar los talentos y habilidades de cada uno de nuestros asociados para que puedan desempeñarse a su máxima capacidad. La mejor manera de empezar es aprender sobre cada persona como individuo.

Podemos pensar que lo único que debemos saber sobre nuestros asociados es qué tan bien hacen su trabajo. ¡Error! Conocer a los miembros de nuestro equipo requiere más que únicamente conocer su habilidad para el trabajo; es una parte importante, pero sólo es una parte de su constitución total. Aprende qué es importante para tus asociados: sus ambiciones y metas, sus familias, sus preocupaciones especiales: en otras palabras, qué los emociona.

Método operativo

Cada uno de nosotros tiene su propia manera de hacer su trabajo y de vivir su vida. Esto es nuestro MO (método operativo). Si analizamos la manera en la que opera cada miembro de nuestro equipo, descubriremos su MO. Por ejemplo, podemos notar que una persona siempre reflexiona sobre un tema antes de comentarlo, y que otra vuelve a leer varias veces todo lo que hizo antes de empezar con otra cosa. Estar conscientes de estos estilos de trabajar nos ayuda a entender a la gente y nos permite trabajar con ella de manera más eficaz.

Al observar y escuchar podemos aprender mucho de nuestros colegas. Escucha cuando te hablen: escucha lo que te dicen y escucha lo que no te dicen. Escucha cuando hablan con los demás. Es de mala educación oír las conversaciones ajenas, pero podemos aprender mucho. Observa cómo nuestros asociados hacen su trabajo y cómo actúan y reaccionan. No toma mucho tiempo identificar sus gustos y aversiones, sus rarezas y excentricidades. Al escuchar, podemos aprender sobre las cosas que son importantes para cada uno de ellos, y los "puntos sensibles" que los pueden animar o desanimar.

Para obtener el máximo de cada uno de nuestros empleados debemos entenderlos como seres humanos y trabajar con ellos como individuos para ayudarlos a hacer y cumplir compromisos de un desempeño aún mejor que el que hayan tenido hasta ahora.

Como ya se dijo, debemos reconocer que no todos los seres humanos somos iguales y debemos tratar a cada uno de acuerdo con su individualidad, más que intentar que todos hagan lo mismo de la misma manera. Tomemos la palabra en inglés para gente, PEOPLE, y al expandir cada letra obtendremos algunas pistas de cómo podemos alcanzar nuestra meta de mejor desempeño a través de nuestra gente.

Personalidad

Cada persona tiene su propia personalidad especial. Un gerente debe tomarse el tiempo de conocer cómo actúa y reacciona cada una, qué la anima —o desanima—, qué le importa realmente. Un error grave cometido por muchos supervisores es querer tratar a todas las personas por igual. Hay personas que necesitan mucha más atención que otras, y también hay personas que verán tu interés como una intromisión o condescendencia. Hay gente que necesita reafirmación constante, y a otra le basta una palmada en la espalda de vez en cuando.

Excepcionales características

Busca aquellos rasgos que hacen que cada persona se distinga de las demás. Laurie es muy creativa. En su tiempo libre, dibuja, esculpe y escribe poesía. ¿Eso en qué puede ayudar para el trabajo? Al apelar a su creatividad, podemos hacer que Laurie aborde proyectos difíciles o aporte ideas y sugerencias para resolver problemas laborales. Gary es perfeccionista. Quizá sea tardado en su trabajo, pero siempre le queda bien. Al darle tareas donde la calidad es de suma importancia, lo estaremos empleando de la manera más eficaz.

Oportunidad

El trabajo de Claudette era más que nada aburrido. Pero su jefe reconoció que ella estaba ansiosa por aprender y que haría su mejor esfuerzo en el trabajo aburrido si podía ver cómo eso la llevaría a un trabajo más desafiante. Al darle a Claudette la oportunidad de aprender sobre los otros puestos en su departamento, pudo capacitarse y prepararse para ellos, lo cual la animó a aprender y crecer.

La oportunidad no se limita a un posible ascenso en el trabajo. Hay personas que no quieren la responsabilidad de un puesto gerencial o de supervisión, pero buscan oportunidades para ampliar sus conocimientos o realizar un trabajo que les resulte de mayor interés. David se considera una persona sociable. Se relaciona bien con la gente, pero en su trabajo de contador pasa la mayor parte del tiempo trabajando solo. Al darle a David la oportunidad de entrenar a otros en el departamento sobre diversos procedimientos de la compañía y encargarse de hacer juntas departamentales con regularidad, su entusiasmo por el trabajo creció y su desempeño general se incrementó.

Participación

La gente que hace un trabajo tiene un entendimiento mucho más profundo de cómo debería hacerse el trabajo de lo que podemos pensar. Cuando se tiene que desarrollar un nuevo procedimiento o planear un nuevo proyecto, haz que la gente que va a realizar el trabajo participe en determinar cómo se debe hacer. Como gerente del departamento, Kathy creía saber exactamente cómo debía planearse el proyecto. Después de todo, tenía años de experiencia en este trabajo. Sin embargo, en vez de diseñar el plan y luego decirle a su personal cómo había que hacerlo, los involucró desde las primeras etapas del proceso de planeación. No sólo aportaron ideas excelentes que Kathy no había considerado, sino que al haber participado en la planeación se sentían comprometidos con hacer un esfuerzo para asegurarse de que funcionara.

Liderazgo

Los buenos líderes no fijan las metas de su gente y le dicen cómo alcanzarlas. Los buenos líderes trabajan con su personal y lo animan a fijar sus propias metas, y le dan las herramientas necesarias para alcanzarlas.

Fred era un hombre inteligente y un buen trabajador, pero Paul, su jefe, sentía que tenía mucha más capacidad de la que estaba usando. A Fred le daba miedo tomar la iniciativa en cualquier proyecto y todo el tiempo se acercaba a Paul a pedirle instrucciones. Para ayudar a Fred a superar esto, Paul empezó a darle pequeños proyectos de los que era responsable. Al incrementar de manera gradual la complejidad de estos proyectos, Paul le ayudó a Fred a desarrollar la confianza en sí mismo que necesitaba para desempeñarse de manera óptima.

Expectativas

Comunícale a la gente que esperas un alto desempeño. No te conformes con trabajo mediocre. Demasiados gerentes están felices cuando su gente cumple con los mínimos estándares. Esto puede funcionar si el negocio está floreciente, pero cuando las compañías tienen que luchar por sobrevivir, necesitamos algo más que sólo cumplir con los estándares. Debemos motivar a nuestra gente a tratar de mejorar constantemente.

Las recompensas por cumplir metas a menudo ayudan. Mary Kay Ash, fundadora de la compañía de cosméticos Mary Kay, atribuye el gran éxito de su compañía a su práctica de hacer que su gente se fije metas más y más altas, y luego recompensarla con algún tipo de reconocimiento cuando esos objetivos se cumplen.

Cuando el jefe, la familia y sobre todo el propio trabajador tienen la expectativa de que su desempeño seguirá mejorando, no hay nada que les impida convertirse en alguien que logra todo lo que se propone.

Conocer a nuestra gente y trabajar con ella utilizando sus fortalezas individuales dará por resultado la eficacia colectiva de nuestro departamento y un desempeño más alto para la organización.

El dinero como motivador

He aquí una minilección de lógica:

  a) Entre más dinero ganamos, más felices somos.
  b) Entre más trabajo producimos, más dinero ganamos.
  Por lo tanto:
  c) La gente se esforzará por producir más, ganar más y por lo tanto ser más feliz.

¿Pero es verdad? A veces, pero no siempre. Si asumimos que *a)* y *b)* son ciertas, sería lógico que *c)* también sea cierta, ¿correcto? A veces sí, pero a menudo no.

Veamos por qué el dinero no siempre es el motivador que por lógica parecería ser.

Motivadores frente a satisfactores

Un equipo de científicos conductuales encabezado por Frederick Herzberg estudió lo que la gente quiere de su trabajo y clasificó los resultados en dos categorías:

Satisfactores (también llamados factores de mantenimiento): Los factores que la gente requiere de su trabajo para justificar el mínimo esfuerzo. Estos factores incluyen las condiciones laborales, el dinero y las prestaciones. Sin embargo, una vez que los empleados están satisfechos, seguirles dando más de los mismos factores no los motivará a trabajar más duro. Mucho de lo que la gente considera motivadores en realidad son sólo satisfactores.
Motivadores: Factores que estimulan a la gente a poner más energía, esfuerzo y entusiasmo en su trabajo. Lo que la mueve de veras.

Para ver cómo funciona este concepto en el trabajo, imagina que trabajas en instalaciones más bien deficientes, con escasa luz, mala ventilación y poco espacio. La productividad, desde luego, es baja.

Unos meses después nuestra compañía se muda a nuevas instalaciones, con excelente luz y aire acondicionado y montones de espacio, y la productividad se dispara.

El director general de la compañía está feliz. Le dice a la mesa directiva: "Ya encontré la solución para aumentar la productividad: si le damos a la gente mejores condiciones de trabajo, producirá más, así que voy a hacer que sus condiciones sean aún mejores". Contrata a un diseñador de interiores, hace instalar una alfombra nueva, cuelga cuadros en las paredes y pone plantas por toda la oficina. Los empleados están encantados. Es un placer trabajar en ese entorno... pero la productividad no aumenta para nada.

¿Por qué no? La gente está buscando un nivel de satisfacción en su trabajo —en este caso, condiciones laborales razonablemente buenas—. En cuanto el ambiente laboral se volvió aceptable, los empleados quedaron satisfechos, y esto se reflejó en su productividad. Pero una vez que las condiciones ya habían cumplido con su nivel de satisfacción, agregar mejoras no los motivó más.

¿Y esto qué tiene que ver con el dinero?

El dinero, como las condiciones laborales, es un satisfactor. Podemos suponer que ofrecer más dinero generará mayor productividad. Y probablemente tengamos razón; en la mayoría de los casos, pero no en todos. Los programas de incentivos, en los que a la gente se le da la oportunidad de ganar más si produce más, forman parte de los programas de remuneración de muchas compañías. Funcionan con algunas personas, pero con otras no.

El departamento de ventas es un buen ejemplo. Dado que los vendedores suelen trabajar por comisión, es decir por incentivos, están en la envidiable posición de rara vez tener que pedir un aumento. Si la gente de ventas quiere ganar más dinero, lo único que tiene que hacer es trabajar con más ganas o con más cerebro para ganar todo el dinero que quiera. ¿Verdad? ¡Falso!

¿Por qué no funciona esta lógica? Los gerentes de ventas se han quejado de este problema desde el principio de los tiempos. Dicen: "Tenemos un excelente programa de incentivos, y el dinero está ahí para nuestro personal de ventas. Sólo tienen que pedirlo y no lo hacen. ¿Por qué no?"

Para encontrar la respuesta, tenemos que indagar en lo profundo de la psique humana. Todos fijamos niveles salariales personales, de manera consciente o inconsciente, con los que estamos satisfechos. Hasta que alcanzamos ese punto, el dinero sí nos motiva, pero después ya no. Este nivel varía significativamente de una persona a otra.

Algunas personas fijan este punto muy alto, y el dinero es un motivador muy importante para ellas; otras están satisfechas a niveles más bajos. Esto no significa que no quieran su aumento anual o su bono, pero si obtener más dinero requiere de un esfuerzo o molestia especiales, lo podemos olvidar.

Por ejemplo, supón que Derek está en tu equipo de producción y su salario es del 60% del tuyo. Su esposa trabaja, pero por el tipo de trabajo sabemos que no gana mucho. Derek anda en un coche de 12 años de antigüedad esos objetivos y compra su ropa en tiendas de saldos. Las únicas vacaciones que ha tomado su familia es irse a acampar de vez en cuando. Le tenemos lástima. Pero ahora podemos ayudar a Derek. Necesitamos a varios trabajadores para un proyecto especial que se va a llevar a cabo los siguientes seis sábados con doble paga. Cuando le preguntamos a Derek si quiere participar, nos dice que no, y no podemos entender por qué. Pensaríamos que estaría ansioso por ganar más dinero, pero ya ha alcanzado su nivel de satisfacción. Para él, tener el sábado libre para estar con su familia es más importante que la oportunidad de ganar más dinero.

Este ejemplo no significa que el dinero no motive para nada. La oportunidad de ganar más dinero motiva a todos hasta el punto donde estén satisfechos. Algunas personas, como Derek, están conformes a niveles más bajos. Mientras puedan cubrir sus necesidades básicas, otras cosas les parecen más importantes que lo económico. Para otras personas, este punto es muy alto, y se esfuerzan por seguir ganando más dinero.

Al interesarnos lo más que podamos en nuestros asociados, aprenderemos sobre sus prioridades, metas y estilos de vida, y el nivel de ingresos con el que están satisfechos. Ofrecer la oportunidad de ganar más dinero como incentivo a alguien a quien no le importa es inútil. Debemos encontrar otras maneras de motivarlo.

Prestaciones: ¿motivadores o satisfactores?

Las prestaciones son importantes en la mayoría de las compañías. Estas compañías brindan algún tipo de seguro médico, seguro de vida, pensión, y otras prestaciones a sus empleados. De hecho, el paquete de prestaciones es uno de los factores que los potenciales empleados buscan al evaluar una oferta de trabajo, pero no es un motivador. ¿Alguna vez supiste de alguien que empezó a trabajar más duro porque la compañía introdujo un seguro de gastos dentales?

Las prestaciones son satisfactores. Buenas prestaciones atraen a las personas a trabajar para una compañía, y también evitan que se vayan.

Tener a los empleados contentos no basta. El reto es desarrollar estándares de alto desempeño que desafíen a los empleados y los motiven a esforzarse para cumplirlos. Algunos de estos motivadores son los siguientes.

Reconocimiento

Los seres humanos ansían reconocimiento. A las personas les gusta saber que los demás saben quiénes son, qué quieren y qué piensan. El reconocimiento empieza cuando nos aprendemos el nombre de la gente. Claro, sabemos el nombre de las mujeres y los hombres que trabajan en nuestro grupo, pero a menudo tendremos que coordinar el trabajo con otros grupos, con proveedores internos y externos, subcontratistas y clientes. Todos tienen nombre. Apréndete el nombre de la gente. Úsalo. Es el primer paso para reconocer la individualidad de cada persona.

> *Recuerda que el nombre de una persona es para ella*
> *el sonido más dulce en cualquier idioma.*
>
> Dale Carnegie

El reconocimiento no se limita a usar un nombre. En la entrevista de salida de Warren cuando renunció a la Compañía de Mantenimiento de Edificios le preguntaron lo que más le había gustado de la empresa y lo que menos. Warren respondió que aunque el salario y las prestaciones eran buenos, nunca se sintió parte de la organización. "Siempre sentí que me veían solamente como un engranaje de la máquina —dijo—. En los nueve meses que trabajé en el departamento, hice varias sugerencias, ofrecí hacerme cargo de proyectos extra, y traté de aplicar enfoques creativos a algunos de los trabajos que me asignaban. Mi jefe no reconoció todo lo que hubiera podido contribuir."

Cómo demostrar nuestro aprecio

Así como tenemos una vida fuera de la compañía, nuestros asociados también. El trabajo es una parte importante de nuestra vida, pero hay muchos aspectos que pueden ser de mayor importancia: la salud, la familia y los intereses externos, por ejemplo. Muestra un interés sincero en el asociado como una persona completa.

Virginia, cajera en jefe de una sociedad de ahorro y préstamos de Wichita, Kansas, siempre se ocupa de darles la bienvenida a los asociados que andaban de vacaciones o se ausentaron varios días por enfermedad. Les pregunta por sus vacaciones o su salud, y los pone al día de las noticias de la compañía. Los hace sentir que los extrañó, y lo transmite con sinceridad, porque realmente los extrañó.

Jacob, que es abuelo, se da cuenta de que los niños son el centro de la mayoría de las familias. Se interesa de manera genuina en las actividades de los hijos de sus compañeros de trabajo e incluso ha acompañado a sus asociados a eventos escolares en los que participan sus hijos. Hay personas que podrían ver esta situación como paternalista o entrometida, pero el auténtico interés de Jake se percibe como algo positivo y ha ayudado a unir a los miembros de su equipo en una familia laboral.

Elogio

> *Dos veces hice bien y nunca lo mencionaron.*
> *Una vez hice mal y nunca se callaron.*

Hay supervisores que nunca elogian a su gente. Lo racionalizan diciendo que la gente debe hacer bien su trabajo y no necesita recibir elogios por cumplir con lo que se espera de ella.

Un supervisor malencarado presumía: "Yo nunca elogio a las personas. Si las dejo en paz saben que lo están haciendo bien. Si tengo que hablar con ellas, están en problemas".

Los seres humanos ansían recibir elogios. Todos queremos saber que la demás gente reconoce nuestros logros y éxitos. Esto es de particular importancia cuando los elogios vienen de nuestro supervisor o de alguien que respetamos.

Los elogios deben ser sinceros

Carol estaba a punto de salir de la oficina para asistir a una junta. Se detuvo al llegar a la puerta, volteó y dijo:

—Equipo, quiero que sepan que están haciendo un gran trabajo —luego sonrió y salió por la puerta. En la junta, les contó a sus colegas que le había dado un subidón a la moral de su equipo con su último comentario.

En su departamento, la gente lo veía de manera muy distinta. Uno de los hombres comentó en voz alta con otros:

—Nos acaba de dar nuestro refuerzo positivo del mes.

Lo que para Carol era levantarles la moral, su equipo lo percibía como poco sincero. Los elogios deben ser sinceros, y la sinceridad no puede fingirse.

Una forma de hacer que los elogios sean realmente sinceros es incorporar la razón del elogio en el elogio mismo. En vez de decir: "Buen trabajo, Joe", es mucho más efectivo decir: "Joe, la forma en que manejaste la queja de ese cliente es un gran ejemplo del profesionalismo que nos gusta ver en este departamento".

Combinar crítica con elogio

Cuando un empleado tiene que ser criticado, muchos supervisores meten la crítica en un sándwich de elogios. Esto supuestamente es para volver la crítica más aceptable. Y a menudo esto sí reduce el resentimiento que acompaña la reprimenda. Sin embargo, si los únicos elogios que se dan siempre van acompañados de algún tipo de comentario negativo, éstos pierden su significado. Cuando el supervisor empieza a felicitarlo, el empleado está pensando: "A ver a qué horas me la suelta".

Típicamente, la conversación va así: "Sam, eres uno de los trabajadores más rápidos que tenemos, y lo valoro, *pero* cometes demasiados errores…" En el instante en que Sam oye la palabra "pero", su mente bloquea los elogios. Sabe que lo que sigue será una crítica.

Barry resuelve esto sustituyendo el "pero" por "y": "Sam, eres uno de nuestros trabajadores más rápidos. Eso lo valoro, *y* podrías ser aún más eficaz si mejoraras la calidad del trabajo. Hay que ver qué podemos hacer juntos para ayudarte con eso".

La conjunción "y" no tiene la connotación negativa de "pero". El empleado aún mantiene el brillo del elogio y está abierto a recibir sugerencias para mejorar.

Miedo a elogiar

Algunos gerentes comentan: "Si elogio a los empleados que lo están haciendo bien más que a los otros, ¿no se verá como favoritismo?"

No necesariamente. Cuando el reconocimiento es claramente merecido y se extiende a todo aquel que lo merece, eso no es favoritismo. Los que no son elogiados deben darse cuenta de que no se lo han ganado.

Otra preocupación: "Cuando el desempeño de alguien mejora de manera significativa, ¿es mejor elogiarlo a él que a una persona que siempre ha hecho bien su trabajo?"

Los elogios excesivos pueden generar resentimiento en la gente que siempre se ha desempeñado de manera deseable. Además, el reconocimiento excesivo puede dar la idea de que esperamos que los logros excepcionales se vuelvan rutina. Debemos ajustar la forma en que elogiamos las necesidades de cada asociado. Cuando esa persona alcance el estándar esperado, elógiala por ese logro y señala que eso es lo que están haciendo los demás trabajadores buenos y que es algo que valoras. Haz esto frente a los demás trabajadores, para que todos sepan que los elogios están basados en alcanzar ese nivel y que no son elogios por un trabajo excepcional. Naturalmente, las personas que hagan un trabajo aún mejor, merecen un reconocimiento especial.

Los gerentes preguntan: "¿Debe elogiarse a la gente por hacer un trabajo promedio de manera consistente?"

Todo el mundo necesita elogios, pero dar un reconocimiento especial por un desempeño rutinario es contraproducente. Le quita a la gente cualquier incentivo para mejorar. De vez en cuando, el supervisor puede felicitarlos por algún logro especial o comentar sobre su buen nivel de asistencia. Esto no debe hacerse regularmente o perderá su valor. Nunca se debe elogiar por calendario —"Hoy es 14, día de elogiar a Kathy"—, sino en el momento en que las circunstancias lo ameriten.

Comunicar los elogios

Sé inmediato: El mejor momento para elogiar a alguien es cuando ocurre el evento digno de elogio. Cuando Alice le presentó el reporte a su jefe, él de inmediato la felicitó por haberlo entregado antes de la fecha límite. Después de leerlo, la felicitó otra vez por el contenido.

Sé específico: Como se mencionó antes, incorpora el motivo del elogio en el elogio mismo.

Describe su valor para la organización: "Al anticiparte a la fecha límite, pudimos completar el proyecto y resolver el problema del cliente a su entera satisfacción". Anímalos a continuar con el buen trabajo. "Hemos hecho un gran avance en este trabajo y sé que seguiremos usando nuestras excelentes habilidades para ayudarnos a alcanzar nuestras metas."

Dales algo que puedan conservar

Decirle a la gente que valoramos lo que ha hecho es una gran idea, pero escribir es aún más efectivo. El aura del elogio verbal se desvanece; una carta o incluso una breve nota perduran. No tenemos que gastar mucho dinero. No toma mucho tiempo.

Escribe tarjetas de agradecimiento

En la Compañía de Mercadotecnia A&G en Wilmington, Delaware, a los líderes de los equipos se les reparten paquetes de notas de agradecimiento con la palabra *Gracias* escrita en bellas letras en la portada, y el interior de la tarjeta en blanco. Cuando alguien hace algo digno de un reconocimiento especial, el gerente escribe una nota en una de estas tarjetas, en la que detalla el logro especial y felicita al empleado por alcanzarlo. Los empleados que reciben una tarjeta la atesoran y se la muestran a sus familiares y amigos.

Entrega placas y certificados

Sin importar qué clase de premio les demos a los empleados —grande o chico (dinero, mercancía, boletos para un espectáculo o evento deportivo, o un viaje a un balneario, por ejemplo)— vale la pena gastar un poco más para incluir un certificado o una placa. A los empleados les encanta colgar estos recuerdos en sus cubículos u oficinas, en su estación de trabajo o en su casa. El dinero se gasta, la mercancía se acaba, un viaje se vuelve un recuerdo lejano, pero un certificado o una placa es un recordatorio permanente del reconocimiento.

Cómo motivar a los empleados marginales

¿Quiénes son nuestros empleados marginales? Son la gente que cumple con el mínimo estándar de desempeño, pero rara vez lo supera. No hacen su trabajo tan mal como para despedirlos, pero en realidad no aportan lo suficiente. Motivar a la gente así es uno de los principales retos para un líder.

¿Cuáles son algunas de las razones por las que tenemos empleados marginales en nuestras organizaciones?

Mala selección

Debbie, una capturista de datos, es una empleada marginal. Como los capturistas de datos andaban escasos, su jefa, Bárbara, contrató a Debbie aunque no cumplía con los requisitos para el puesto. Aunque seguía por debajo del desempeño esperado cuando completó su periodo de prueba, Bárbara decidió conservarla. "Por lo menos hay alguien que opera la computadora —racionalizó—, y seguiré trabajando con ella para volverla más productiva."

Seis meses después, a pesar de capacitación y orientación adicionales, Debbie apenas cumple los estándares de producción. No posee la capacidad innata de ser verdaderamente productiva.

La mala selección es una de las principales razones de la producción marginal. Al poner especificaciones realistas del trabajo y no hacer concesiones al contratar a la gente —aun si estamos desesperados por ocupar el puesto—, se incrementarán las probabilidades de seleccionar personal que tendrá éxito en el trabajo.

Sin embargo, por buenos que sean nuestros procedimientos de selección, se cometerán errores y la persona contratada quizá no dé la talla. Por eso, son tan importantes los periodos de prueba. En este periodo, el supervisor debe asegurarse de que el empleado nuevo sepa lo que se espera que haga y los estándares que debe cumplir. Se debe hacer todo esfuerzo por ayudar a esta persona a cumplir esos estándares brindándole capacitación, entrenamiento y atención especial.

Ten paciencia. A veces la razón de la producción marginal no es falta de capacidad sino una falta de entendimiento de lo que se tiene que hacer. Al diseñar un programa de capacitación para el personal nuevo incluye estándares y calendarios específicos. Asegúrate de que el empleado en capacitación esté consciente de ellos. Si los estándares no se cumplen en la fecha especificada, debemos trabajar con el empleado en capacitación para superar los problemas que pueden haber causado esto.

Se debe hacer todo esfuerzo por salvar al empleado en capacitación, pero si esto no funciona, no conserves a una persona que apenas cumple con los estándares mínimos. Una vez terminado el periodo de prueba, es mucho más difícil cesar a un empleado marginal.

Trabajadores buenos cuyo trabajo decae

Phil lleva seis años con la compañía. Su producción siempre había estado muy por encima del estándar mínimo y su supervisora, Lil, lo consideraba uno de sus mejores elementos. Hace unos cuantos meses la producción de Phil empezó a decaer. Parecía haber perdido el interés en el trabajo.

¿Por qué le ocurre esto a gente como Phil? A veces se debe a problemas personales. La vida personal y la vida profesional de uno no se pueden separar. Si hay problemas serios en casa, esto afectará nuestro trabajo.

A veces se debe a un agravio real o imaginado. Algunas personas se guardan muy profundo los agravios, y se enconan si no se ventilan y se discuten.

En su plática con él, Lil descubrió que Phil se había fijado ciertas metas que no estaba cumpliendo en el trabajo. Aunque su trabajo era elogiado y recibía excelentes comentarios, no había alcanzado la posición que esperaba a esas alturas de su carrera.

El supervisor debe conocer las metas de su gente y hacer lo que pueda para ayudarla a alcanzarlas. Haz que el trabajador sepa lo que debe hacer para alcanzar esas metas —lo cual incluye mantener un alto nivel de desempeño, tomar capacitación adicional en el trabajo o hacer estudios externos—, y señala cuánto tiempo le tomará alcanzarlas. Si no es posible para el trabajador alcanzar sus metas en este trabajo, el supervisor y el trabajador deben determinar juntos cómo se pueden modificar las metas para que se puedan cumplir.

Aburrimiento

Durante años, Ann tuvo uno de los mejores desempeños de su departamento. Pero ahora estaba aburrida. Llevaba tanto tiempo haciendo el mismo trabajo que ya no lo disfrutaba. Buscaba todos los pretextos posibles para tomarse tiempo libre. Cuando estaba en el trabajo, chismorreaba con los empleados, se tomaba descansos largos y sacaba la menor producción que podía.

Una manera en que un supervisor puede ayudar a empleados que antes fueron productivos a volver a serlo es enriquecer el trabajo, a través de la combinación de funciones que eran desempeñadas por varias personas en un solo puesto, para que cada empleado haga trabajo más diverso. Otra es reestructurar la forma en la que se hace el trabajo. Esto se logra de la manera más eficaz cuando el trabajador participa en la reestructuración. La gente que realiza un trabajo a menudo puede tener buenas ideas de cómo volverlo más interesante y efectivo.

Otro enfoque para aliviar el aburrimiento es asignarle al trabajador proyectos especiales. Un cambio de ritmo es un buen antídoto contra el aburrimiento.

Los comodinos

Michael lleva 22 años en la compañía y ocho en su puesto actual. Está contento con su trabajo, pero también reconoce que, debido a la naturaleza de su labor y a la estructura de la compañía, es poco probable que lo asciendan. Su desempeño es bueno; sabe que nunca lo van a despedir a menos que haga algo drástico, así que ha decidido de manera consciente o inconsciente que no tiene caso matarse trabajando. Se la va a llevar fácil hasta su retiro.

La mayoría de las compañías tienen varios de estos "comodinos". Son buenos trabajadores que pueden contribuir a la productividad, pero sienten que ya hicieron su parte. ¿Cómo podemos volver a motivar a estas personas?

Productos Asociados usa a los "comodinos" para probar sus productos nuevos. Cuando están listos para introducir una nueva línea de productos, prueban el mercado en ciudades clave. En vez de usar una compañía de pruebas de mercado, les asignan las pruebas a algunos de sus "veteranos". Al participar en un rol nuevo e importante, les demuestran que son respetados, y les dan la oportunidad de hacer algo nuevo y diferente. Este estímulo sigue presente cuando vuelven a su trabajo normal.

Otras compañías han usado a estos empleados de mucho tiempo como capacitadores y mentores de la gente nueva. Darles este tipo de responsabilidad los lleva a ser más dedicados al trabajo y a la compañía, y puede transformarlos de empleados marginales a miembros productivos del equipo.

—A mi gente le da igual su trabajo. Si no los estoy presionando, no se hace nada —suspiró Al.

—Yo no tengo ese problema para nada —respondió Carl—. Mi equipo siempre está dispuesto a hacer todo el esfuerzo que sea necesario para terminar el trabajo.

¿Cuál es el motivo de las actitudes diametralmente opuestas de los empleados que supervisa cada uno de estos gerentes? ¿Por qué el grupo de Carl está mucho más motivado que el de Al? Podría deberse al estilo gerencial del supervisor o también al trabajo en sí.

Los científicos conductuales en general coinciden en que si bien la motivación del empleado se ve acrecentada por factores tales como el reconocimiento, el aprecio, los retos y, desde luego, recibir un trato justo, el motivador más eficaz de todos es el trabajo mismo. Si el trabajo le parece aburrido y poco desafiante al equipo de Al, por buen supervisor que él sea, le va a costar mucho trabajo motivarlo. Por otro lado, si los integrantes del equipo de Carl disfrutan tanto de su trabajo que se mueren de ganas de venir todos los días y no se quieren ir a su casa en las tardes, Carl no necesita hacer mayor cosa para tenerlos motivados.

Enriquece el trabajo

Por desgracia, un gran porcentaje de los trabajos en la industria hoy en día son muy rutinarios y es difícil, si no imposible, volverlos emocionantes. Una manera de superar esto es enriquecer el trabajo.

Cuando contrataron a Jennifer para encargarse del departamento de procesamiento de reclamaciones de la Compañía Aseguradora Responsable, heredó un departamento con baja moral, manifestada en alta rotación de personal, ausentismo y descontento. La operación de procesamiento de reclamaciones era una "línea de ensamblaje". Cada empleado revisaba una sección del formato de reclamaciones, se lo pasaba al siguiente, que revisaba la siguiente sección, y así sucesivamente. Si se descubría un error o una duda de interpretación, se dejaba a un lado para que lo revisara un especialista. Desde el punto de vista operativo, era altamente eficiente. Sin embargo, volvía el trabajo aburrido y poco desafiante. Jennifer reorganizó el sistema. Enriqueció el trabajo eliminando la "línea de ensamblaje". Cada empleado revisaba todo el formulario, corregía errores y buscaba interpretaciones. Esto requirió de capacitación adicional y sí volvió más lento el trabajo en un principio, pero dio frutos al desarrollar un equipo de trabajadores muy motivados que realmente estaban interesados en su trabajo. La rotación, el ausentismo y la insatisfacción se redujeron de manera significativa, y una vez que el sistema se implementó en su totalidad, la velocidad y la eficiencia se incrementaron.

Haz que el personal se involucre

Al promover una actitud de que el trabajo que hay que hacer es el esfuerzo conjunto de gerencia y mano de obra —no "superiores" que ordenan e "inferiores" que realizan una tarea—, haremos que el trabajo sea más interesante y que la gente que participa en el trabajo esté más motivada para terminarlo.

Cuando la productividad esperada es cuantificable, muchas compañías establecen cuotas de producción para sus empleados. Esto es especialmente cierto en ventas y muchos puestos de fabricación o de oficina. Denise es directora del Departamento de Procesamiento de Textos de su compañía. Ella ha establecido cuotas específicas para la mayoría de sus proyectos de envío masivo de correspondencia y puede medir qué tan bien va su gente con base en cuánto se acerquen a cumplir las cuotas. Denise notó que incluso sus mejores trabajadores rara vez superaban la cuota. Cuando trató de aumentar la cantidad de cartas esperada, se topó con resentimiento e incluso oposición explícita.

La próxima vez que se estaba planeando un proyecto nuevo, en vez de imponer una cuota para el proyecto Denise le pidió a la gente que iba a trabajar en él que lo estudiara y sugiriera metas de producción. Para su sorpresa, recomendaron cuotas aún más altas de las que ella hubiera indicado.

Los gerentes y los trabajadores juntos deben establecer cuotas, metas, o ambas, que sean alcanzables y aceptables para ambas partes. Cuando una persona ha participado en establecer las cuotas se sentirá comprometida a cumplirlas y trabajará de manera voluntaria para asegurar que se consigan.

En su libro *Cómo ganar amigos e influir sobre las personas*, Dale Carnegie anticipó lo que los científicos conductuales promulgaron después. Escribió: "A nadie le agrada sentir que se le quiere obligar a que compre o haga una cosa determinada. Todos preferimos creer que compramos lo que se nos antoja y aplicamos nuestras ideas. Nos gusta que se nos consulte acerca de nuestros deseos, nuestras necesidades, nuestras ideas".

Síntesis y esencia

Ocho maneras de darle a la gente lo que quiere de su trabajo

1) Haz que cada persona sepa qué tal va en su trabajo.
2) Ayúdales a mejorar brindándoles entrenamiento y orientación.
3) "Seamos efusivos en nuestra aprobación y generosos con nuestros elogios."
4) Habla con la gente por anticipado de los cambios que la vayan a afectar y, de ser posible, de la razón por la que se hace el cambio.
5) Aprovecha al máximo las habilidades de cada persona.
6) Busca la habilidad desaprovechada; ayuda a la persona a desarrollar esa habilidad y a utilizarla.

7) Nunca obstaculices las oportunidades de avance de otra persona.

8) Dale a la gente más libertad de controlar la manera en que hace su trabajo. Anímala a sugerir mejores métodos y enfoques.

Cinco consejos para elogiar eficazmente

Pese a la importancia de los elogios para motivar a la gente, éstos no siempre funcionan. Algunos supervisores elogian cada actividad menor, lo cual reduce su valor para los logros reales. Otros los dan de una manera que parece falsa. Para hacer que los elogios sean más significativos, sigue estas sugerencias:

1) No exageres. Los elogios son dulces. Los caramelos también, pero entre más comemos, menos dulce nos sabe cada uno —hasta que nos acaba doliendo la panza—. Demasiados elogios reducen el beneficio que aporta cada uno; si se exagera, acaban perdiendo todo su valor.

2) Sé sincero. La sinceridad no puede fingirse. Debemos creer en realidad que la razón por la que estamos elogiando a nuestro asociado es algo admirable. Si no lo creemos nosotros, nuestro asociado tampoco lo creerá.

3) Sé específico sobre la razón del elogio. En vez de decir: "¡Buen trabajo!", es mucho mejor decir: "El reporte que escribiste sobre XYZ me permitió entender más claramente las complejidades del problema".

4) Pide consejo a tus asociados. No hay nada más halagador que cuando te piden un consejo para manejar una situación. Precaución: este enfoque puede ser contraproducente si no seguimos el consejo. Si tienes que rechazar su opinión, hazle preguntas a la persona

sobre su sugerencia hasta que pueda ver sus limitaciones y repensarla.

5) Divulga los elogios. Así como una reprimenda siempre debe darse en privado, un elogio siempre (que sea posible) debe darse en público. A veces la cuestión por la que se da es una cuestión privada, pero la mayoría de las veces es apropiado dejar que todo el equipo se entere. Si los otros miembros del equipo están conscientes del elogio que le damos a un colega, los incentiva a trabajar para obtener un reconocimiento similar. En algunos casos el elogio por logros más significativos puede difundirse más ampliamente, como cuando se da en una junta o un evento de la compañía.

El mejor motivador de todos

Los científicos conductuales en general coinciden en que si bien la motivación del empleado se ve acrecentada por factores tales como el reconocimiento, el aprecio, los retos y, desde luego, recibir un trato justo, el motivador más eficaz de todos es el trabajo mismo. El trabajo puede volverse repetitivo, aburrido y poco desafiante. Algunas maneras de superar esto son rediseñar los trabajos para brindar diversidad, retos y compromiso.

Incluye a los asociados en las etapas de planeación de los nuevos trabajos. Obtén sus sugerencias en cuanto a cuotas de producción o de ventas, métodos y estándares de desempeño. Cuando la gente se siente "dueña" de su trabajo, es más probable que se esfuerce al máximo para alcanzar la meta.

CAPÍTULO 4

CÓMO ENCONTRAR PERSONAL PARA NUESTRA ORGANIZACIÓN

La mayoría de los gerentes sienten que llenar una vacante en su departamento es una molesta distracción de sus funciones reales. El tiempo, la energía y el desgaste emocional que implica el proceso de contratación los aleja de sus deberes normales, suma horas extra a sus días, y lo peor de todo, temen tomar una decisión equivocada y tener que pasar por todo el proceso otra vez dentro de unos meses.

En la mayoría de las compañías grandes y en muchas firmas más pequeñas, el departamento de recursos humanos maneja el reclutamiento y la selección de empleados nuevos. Sin embargo, aun cuando éste sea el caso, los supervisores de línea y los líderes de equipo deben participar en el proceso. Casi siempre ellos entrevistan a los prospectos. Después de todo, la persona que se contrate estará bajo sus órdenes y ellos serán responsables del éxito o fracaso del nuevo empleado.

Algunas compañías no cuentan con departamento de recursos humanos, o está ubicado en la matriz, así que los gerentes de otras filiales tienen que encargarse de sus contrataciones.

Por desgracia, aunque por lo general estos gerentes trabajan bien en su especialidad no tienen la capacitación ni la experiencia necesarias para hacer contrataciones exitosas. Como resultado, han ocurrido incontables errores: en el mejor de los casos, tiempo y esfuerzo desperdiciados, y en el peor, contratar gente destinada a fracasar.

Como supervisores o gerentes no podemos tomarnos este aspecto de nuestro trabajo a la ligera. Los hombres y las mujeres que contratemos contribuirán a nuestro éxito o impedirán que cumplamos nuestros objetivos.

Desarrolla especificaciones realistas del puesto

Podemos ser más eficaces al seleccionar a la gente con la que tendremos que trabajar y de la que deberemos de depender para hacer el trabajo si empezamos la búsqueda con especificaciones realistas del puesto.

Analiza el puesto con cuidado y determina exactamente qué experiencia debe tener el nuevo empleado. Debemos preguntarnos al enlistar cada requisito: "¿Esto de veras es necesario para realizar el trabajo?"

Jeff estaba tratando de llenar una vacante para un representante de servicio al cliente. Una de las especificaciones que estableció para el puesto era el requisito de un título universitario. ¿Es realista? Desde luego, hay ventajas de contratar a un egresado universitario, ¿pero el puesto de veras requiere habilidades adquiridas en la universidad? ¿Una persona con educación menos formal podría hacer el trabajo igual de bien?

Cuando le preguntaron a Jeff por qué quería un egresado universitario para ese puesto, respondió: "¿Por qué no? Hay muchos egresados universitarios buscando trabajo, ¿por qué no aprovecharlo y conseguir al mejor elemento que podamos?" ¿Esto suena lógico? Solicitar más educación (o cualquier otra cualificación) de la que en realidad se requiere tiene más desventajas que ventajas. Claro, conseguiremos a una persona más lista o más creativa, pero como para esta persona el trabajo no supondrá ningún reto, es probable que no sea tan productiva como una persona con menos preparación. La gente que se aburre con el trabajo es la que luego se anda quejando, tiene graves problemas de ausentismo, y se va tras breves periodos. Lo más importante, al hacer énfasis en un aspecto equivocado de los requisitos que buscamos, podríamos eliminar al mejor candidato para el puesto.

Cuando Lynn obtuvo autorización para agregar otro auxiliar contable a su equipo, le dijo al departamento de recursos humanos que necesitaba alguien con por lo menos diez años de experiencia en contabilidad. ¿Es realista? Cuando le preguntaron por qué diez años, Lynn respondió: "Entre más experiencia tenga el aspirante, más va a saber y por lo tanto se volverá productivo para nosotros con mayor rapidez". ¿Siempre hay una correlación directa entre los años de experiencia y la habilidad? No necesariamente. Todos conocemos a personas que llevan diez años en un trabajo pero sólo tienen el equivalente a un año de experiencia. También conocemos a otros que adquieren gran destreza en muy poco tiempo.

Al reconocer que los años por sí solos en realidad no miden la experiencia, Lynn repensó sus especificaciones. En vez de pedir diez años de experiencia, hizo una lista de los factores que el nuevo empleado debería traer al puesto y qué tan hábil debía ser en cada uno. Al hacer preguntas específicas sobre cada uno de estos factores a los aspirantes, en la entrevista podría determinar qué tanto sabía el aspirante y qué había hecho en realidad en cada una de las áreas que eran importantes para el trabajo.

¿Esto significa que los años de experiencia no cuentan para nada? No. A menudo, la única manera en que una persona puede adquirir las habilidades necesarias para un empleo es trabajar en un puesto similar. Sin embargo, poner el énfasis en *lo que han logrado*, más que en cuánto tiempo llevan trabajando, llevará a tomar una mejor decisión a la hora de contratar.

Otro requisito que a menudo se encuentra en las especificaciones de un trabajo es que la experiencia haya sido en "nuestra industria". Cierto, a menudo las habilidades y conocimientos para el puesto sólo pueden adquirirse en compañías que hagan un trabajo similar, pero hay muchos puestos donde la experiencia en otras industrias es igual de valiosa y quizá hasta pueda ser mejor, porque el nuevo empleado no conoce las tradiciones y trae conceptos creativos e innovadores a su trabajo.

Al limitar la población de la cual podemos elegir a nuestro nuevo empleado a sólo una industria no sólo corremos el riesgo de descartar a gente buena, sino que el puesto puede quedar vacante por mucho tiempo. La gerente de recursos humanos de Equipos Médicos Asociados estaba frustrada. Habían pasado seis meses desde la partida del asistente administrativo del vicepresidente de mercadotecnia y el puesto seguía vacante. El problema: el vicepresidente insistía en que su asistente tuviera experiencia en el campo de los equipos médicos. No se había presentado ningún aspirante con ese tipo de experiencia. Cuando le preguntó al vicepresidente por qué hacía falta este tipo de experiencia, él le dijo que el administrativo debía conocer el lenguaje del negocio. ¿Cuánto tiempo podría tomarle a alguien familiarizarse con ese nuevo "lenguaje"? Probablemente de dos a tres meses. Sin embargo, la compañía llevaba seis meses con ese puesto vacante cuando en un máximo de noventa días se hubiera podido superar la falta de este requisito "crucial".

Para evitar caer en los errores comunes al poner las especificaciones de un puesto, analiza el puesto con cuidado. Pregunta: "¿Qué debe saber el aspirante que yo no pueda hacer o que no quiera pasarme el tiempo enseñándole a hacer?" Ésas deben ser las especificaciones esenciales para el puesto.

Si hay muchos aspirantes para un puesto, también debemos determinar qué factores preferenciales podrían ser útiles. Estos factores pueden ayudar a elegir entre varios candidatos que cumplen con las características esenciales. Pero aun al establecer los factores preferenciales, asegúrate de que sean realistas y que no eliminen a gente buena. Por ejemplo, dar preferencia a un aspirante con título universitario cuando ese nivel de educación no es importante para el puesto puede no ser prudente.

Una parte vital de las especificaciones de cada puesto es la indicación de factores intangibles —que a menudo son más significativos para contratar a la persona correcta que los requisitos tangibles—. Claro, a todos nos gustaría contratar gente con gran inteligencia, creatividad, integridad, lealtad, entusiasmo, actitud positiva y demás. Sin embargo, al enlistar los intangibles necesarios para el puesto, asegúrate de ponerlos en su perspectiva correcta en relación con el trabajo. Si el trabajo requiere de habilidades comunicativas, especifica de qué tipo: ¿Comunicación verbal de persona a persona? ¿Capacidad de hablarles a grupos? ¿Comunicación telefónica? ¿Escribir cartas y memorándums? ¿Crear textos publicitarios o folletos? ¿Power Point u otras técnicas de comunicación por medio de la computadora?

Si el puesto exige "atención a los detalles", especifica qué tipo de detalles. Si el puesto pide trabajar bajo presión, indica qué tipos de presión; por ejemplo, fechas de entrega diarias, fechas de entrega ocasionales, condiciones laborales desagradables o un jefe muy estricto. El análisis y la descripción de los intangibles necesarios es igual de importante que el análisis y la descripción de la educación, experiencia y habilidades requeridas.

Al establecer especificaciones realistas para el puesto y filtrar a nuestros aspirantes para asegurarnos de que cumplan estas especificaciones, seleccionaremos personal calificado para nuestro departamento y para formar el equipo que necesitamos, el cual cumpla con nuestras metas y objetivos.

La selección de candidatos

Una vez que se han establecido las especificaciones del puesto, debemos iniciar nuestra búsqueda de candidatos. La gente que trabaja actualmente en la organización a menudo conoce a otras personas que podrían ser aptas para las vacantes.

Ascender o transferir a un empleado actual a un nuevo puesto es encomiable y se debe fomentar. Los candidatos internos son factores conocidos. La compañía los ha visto en acción. Conoce sus fortalezas y debilidades, sus rasgos de personalidad, sus hábitos de trabajo, sus patrones de asistencia y puntualidad, y todos los detalles que se descubren en meses o años de observación. También es bueno para la moral y la motivación de los empleados. El problema, sin embargo, es que limita a los candidatos para un puesto a los empleados actuales. En este mundo altamente competitivo, una compañía debe tratar de encontrar al mejor candidato posible para sus vacantes, y es probable que esa persona actualmente no esté en la nómina.

En otra época, las compañías presumían que cuando se jubilaba un director general contrataban a uno de los empleados de menor rango. Todos subían un peldaño. Es probable que en cualquier organización grande haya muchas personas muy competentes para llenar las vacantes, y desde luego, se les debe considerar seriamente. Sin embargo, buscar candidatos externos puede traer a la compañía habilidades y experiencia que ahora le faltan, e ideas nuevas que a menudo escapan a las personas formadas dentro de la compañía.

Charlie usó una variedad de recursos cuando se abrió una vacante en su departamento y recibió más de treinta currículos. Todos se veían bien. ¿A quiénes debía entrevistar?

Al examinar los currículos, busca lo siguiente:

¿El aspirante cubre las especificaciones básicas?

No pierdas tiempo llamando a candidatos que no cumplen con los requisitos clave para el puesto.

Busca las omisiones

Muchos currículos omiten las fechas de empleo. Esto puede hacerse para ocultar periodos de desempleo o para dar la impresión de tener más o mejor experiencia de la que en realidad se ha alcanzado. Una manera de superar esto es hacer que todos los aspirantes llenen un formulario de la compañía. Éste se les puede enviar por correo para que lo llenen y lo devuelvan antes de que determinemos a quién vamos a entrevistar. Si hay prisa por llenar la vacante, se puede llamar por teléfono o escribir por correo electrónico a los aspirantes que nos interesan para obtener la información faltante.

Busca inconsistencias

Un aspirante puede afirmar tener mucha experiencia en cierto ramo, pero las compañías para las que ha trabajado no se dedican a ese ramo. Por ejemplo, el currículum de Jack destacaba su experiencia en comercializar productos empaquetados, pero de sus diez años de experiencia, sólo dos —y hacía tiempo— habían sido en compañías que elaboraban productos de consumo.

Busca progreso

Para los años que lleva en la fuerza laboral, ¿el candidato ha hecho un progreso adecuado en términos de avance e ingresos?

Compara la experiencia de los candidatos en relación con las especificaciones del trabajo y luego en relación con los demás candidatos, y selecciona a los mejores para la siguiente fase: la entrevista de trabajo.

> *Cuando hables con otra persona escucha con atención. No adoptes una actitud aburrida ni permitas que una expresión de "ya lo sabía" asome a tus facciones.*

> DALE CARNEGIE

Aprovecha la entrevista al máximo

He aquí algunas sugerencias para conducir una entrevista significativa. Después de hacer que el aspirante se sienta a gusto con un saludo amigable y unos cuantos comentarios sobre aspectos no controversiales de su experiencia, inicia la entrevista estructurada con algunas *preguntas abiertas*. "Cuéntame de tu experiencia con la Compañía XYZ."

"¿Cuál es tu experiencia en análisis de ventas?"

"Describe tu proyecto más reciente."

Con base en las respuestas que recibas, enfócate en los aspectos clave de la experiencia del aspirante en el área y *haz preguntas específicas* sobre los detalles de lo que se hizo y lo que se logró.

En respuesta a una pregunta abierta sobre sus proyectos más recientes, Mae comentó que había realizado un estudio de mercado sobre el potencial de un producto nuevo. Algunas preguntas específicas para detallar y verificar lo que hizo en realidad podrían ser: "¿Cómo obtuviste los datos necesarios?" "¿Qué problemas enfrentaste para obtener la cooperación de la gente involucrada?" "¿Cómo los resolviste?" "¿Cuál fue el resultado?" "Describe qué pasos tomaste en tu análisis." "¿Cuál fue el aspecto más difícil del proyecto?"

Al preguntar sobre facetas específicas del proyecto, más que sólo aceptar lo que ella dice, obtendremos un panorama claro de la experiencia real más que las generalizaciones que tan a menudo se emplean en entrevistas de trabajo, lo cual nos ayudará a identificar los verdaderos logros del candidato.

Evalúa las características personales

No sólo contratamos las habilidades laborales de una persona, sino también las características personales que alguien aporta al trabajo. Una persona bien parecida, simpática, con buena labia y buena actitud nos causa tan buena impresión que podemos dejarnos influir en exceso por esta fachada. Para determinar la verdadera personalidad del aspirante debemos mirar bajo la superficie.

Al usar "preguntas situacionales" a menudo se pueden descubrir los verdaderos rasgos de la personalidad. Una pregunta situacional es cuando al candidato se le pide que responda cómo manejó un problema delicado en el pasado o cómo manejaría una situación hipotética. Por ejemplo: "Un cliente nos llama, furioso. La entrega que prometimos no ha llegado y está en riesgo todo el plan de producción de este cliente. ¿Cómo lo manejaste (o lo manejarías)?" Con base en su respuesta podemos determinar si el candidato es íntegro (¿mintió o mentiría sobre la entrega?), si tiene tacto (¿fue diplomático?) y cuál es su actitud (¿fue leal a la compañía?).

Dado que la entrevista suele ser la principal herramienta empleada para tomar la decisión de contratar, es importante que le dé al entrevistador la información e impresiones necesarias para formarse un juicio. He aquí diez trampas en las que caen muchos entrevistadores, que les impiden averiguar todo lo que deberían saber sobre la gente que están pensando contratar:

No estructurar la entrevista

Cuando Bill regresó de una entrevista con el contador en jefe de la compañía Gomitas Deliciosas, estaba convencido de que el entrevistador había sacado poco o nada de la entrevista. Bill reportó que el contador en jefe se la pasó saltando de un tema a otro: hablaba un momento sobre escolaridad, luego pasaba a aspectos de la experiencia laboral, luego volvía a la escolaridad, luego hablaba de la actitud, luego de los objetivos del puesto y finalmente más preguntas sobre su experiencia. Muchas entrevistas son poco más que charlas informales. Para hacer que la entrevista sea más eficaz, el entrevistador debe seguir un patrón fijo que le permita cubrir todos los puntos importantes de manera sistemática. No importa si empezamos por la escolaridad, el primer empleo, el último empleo o los objetivos, siempre y cuando se establezca y se siga una estructura para cubrir toda la información. Sin embargo, debemos ser flexibles dentro de las estructuras para no dejar de explorar áreas de interés que quizá no encajen en nuestro plan de entrevista.

Entrevistar para el puesto equivocado

Algunos entrevistadores no ponen la debida atención a las especificaciones del puesto. Bárbara solicitó empleo como analista de puestos. El entrevistador le hizo todo tipo de preguntas sobre cada aspecto de la gerencia de recursos humanos, excepto sobre análisis de puestos. Antes de la entrevista, repasa las especificaciones. Familiarízate con los detalles e implicaciones. Plantea preguntas que hagan aflorar aquellos aspectos de la experiencia del aspirante que indiquen sus conocimientos (o falta de) sobre lo planteado en esas especificaciones.

Dejar que el entrevistado domine la entrevista

Un aspirante espabilado puede dominar la situación a tal grado que sólo nos diga lo que le resulta más favorable y logre restar importancia a las facetas negativas. Un buen entrevistador debe mantener el control. Cuando llega un aspirante que no nos deja ni hablar, que tergiversa nuestras preguntas según le acomoda y se la pasa agregando información que no es relevante pero busca inflar su experiencia, interrúmpelo. Puedes decir: "Eso es muy interesante, pero ¿te importaría darme detalles específicos sobre… (indica el área específica)?" La mejor manera de contrarrestar el intento de dominar de un aspirante es insistir en que responda nuestras preguntas de manera satisfactoria.

Jugar a Dios

Una de las principales quejas que tienen los aspirantes sobre los entrevistadores es que son condescendientes. Actúan con tal superioridad que los hacen sentir incómodos. Dado que el entrevistador tiene el poder de contratar al aspirante, o por lo menos de recomendar que se le considere, hay una tendencia a "jugar a Dios" y saborear este poder con actitud arrogante. Un poco de humildad da frutos al permitir una mejor comunicación, una entrevista más eficaz y al ganar amigos para nosotros mismos y para la compañía.

No te des aires de importancia. Nunca permitas que la otra persona se sienta inferior a ti en ningún sentido.

DALE CARNEGIE

Indicar la respuesta correcta

Algunos entrevistadores están tan ansiosos por llenar la vacante que ayudan al aspirante a responder correctamente a sus preguntas. Indican la respuesta que esperan: "Este trabajo requiere la habilidad de supervisar gente. Tú posees esa habilidad… ¿o no?" Nadie responde que no.

Abrumar al aspirante

Cuando Henry fue a su entrevista nunca tuvo la oportunidad de hablar sobre sus cualificaciones. El entrevistador primero le habló de la compañía, luego del puesto y finalmente de su propio trabajo. Cuando finalmente planteó una pregunta, interrumpió a Henry antes de que acabara de responder. Una entrevista es una conversación entre dos partes. Si una de las dos partes la domina —el aspirante o el entrevistador— no cumplirá su propósito.

Susan abrumaba a sus aspirantes de otro modo. Anotaba cada cosa que decían. Está bien tomar una nota de vez en cuando, pero transcribir cada palabra será abrumador para el aspirante y evitará que el entrevistador pueda escuchar a fondo lo que se está diciendo.

Jugar al fiscal de distrito

A Martín le encantaba entrevistar a la gente. Su gran alegría era "atraparlos" en alguna inconsistencia. Repetía las preguntas de varias formas para asegurar que la respuesta fuera la misma. Si encontraba un "error", se le iba encima a la víctima. Presumía de todos los "farsantes" que había descubierto, pero las más de las veces las inconsistencias eran irrelevantes, y no sólo perdió buenos empleados potenciales sino que dejó una pésima impresión en los solicitantes que entrevistó.

Jugar al psicólogo

Haber llevado un semestre de psicología básica en la universidad no nos califica como psicólogos. Algunos entrevistadores suponen tener mucho mayor conocimiento de psicología del que en realidad tienen. Buscan significados ocultos en lo que dice el aspirante. Atribuyen motivos freudianos a la experiencia laboral, las relaciones familiares, las actitudes e incluso los comentarios incidentales de los aspirantes. El hecho de no estar realmente calificados para hacer estos juicios no los molesta en lo más mínimo. Están tan absortos en sus "evaluaciones psicológicas" que no logran determinar si el solicitante puede o no hacer el trabajo.

"Enamorarse" del aspirante

A veces un entrevistador queda tan impresionado con cierto aspecto de la presentación del aspirante que es lo que domina la evaluación. Puede ser la apariencia de una persona o su carisma, o puede ser que posea una habilidad específica que la compañía necesita. Aunque este rasgo sea muy impresionante, puede haber otros factores importantes en la experiencia del aspirante que lo invaliden. El buen entrevistador reconocerá que ese encanto o esa habilidad son un activo, pero debe verse con la debida perspectiva. Una entrevista bien estructurada que permita una evaluación cuidadosa de cada factor necesario para tener éxito en el trabajo ayudará a superar esto.

No indagar los detalles

A George le hicieron una serie de preguntas sobre qué experiencia tenía en varias áreas de su campo. Respondió a todas de manera afirmativa, pero para su sorpresa, el entrevistador aceptó su respuesta sin indagar más para determinar qué tan a fondo conocía cada área. George fácilmente hubiera podido falsear su experiencia, ya fuera dando información amañada o bien exagerando sus conocimientos. Una buena entrevista requiere explorar a fondo el conocimiento del candidato. Repasa las especificaciones del puesto y plantea tus preguntas con base en lo que se necesita para cumplirlas.

Al planear con cuidado una entrevista y evitar caer en estas trampas, podemos hacer que nuestras entrevistas sean más significativas y nuestras decisiones de contratación más eficaces.

No interrumpas a la otra persona cuando esté hablando.
Deja que hable todo lo que quiera. Si la interrumpes,
estás implicando que no vale la pena escuchar lo que dice.

DALE CARNEGIE

Verifica

Cuando sea posible, contacta a la anterior compañía donde trabajaban los aspirantes que te interesen para verificar que lo que nos dijeron sea correcto. Para obtener información significativa, trata de hablar con el supervisor directo del aspirante más que con el departamento de recursos humanos. El supervisor observó al candidato día con día, mientras que en la mayoría de las compañías lo único que sabe recursos humanos es lo que tiene en sus expedientes.

Cada vez más compañías son reacias a dar información sobre sus antiguos empleados a terceros, pero vale la pena intentarlo. Una manera de superar la resistencia a dar información es enfatizar que queremos *verificar* información, más que solicitarla. Antes de hacer la llamada, prepara una serie de preguntas tomadas de la solicitud de empleo del aspirante, su currículum y tus notas de la entrevista. Asegúrate de elegir aspectos significativos de la experiencia para que puedas obtener el máximo de información en una cantidad limitada de tiempo.

Seleccionar a la mejor gente

Hemos leído un centenar de currículos, entrevistado a docenas de aspirantes y logramos reducir la lista a tres o cuatro personas; todas cuentan con excelente preparación y experiencia para el puesto que queremos ocupar. ¿A cuál debemos contratar? Éste es un dilema que los gerentes enfrentan cada vez que se abre una vacante. Debemos tomar esta importante decisión con base en las características personales que hacen que una persona destaque de todas las demás. La gente con "atractivo para ser contratada" sin duda nos impresionará más que las personas que carecen de este rasgo intangible.

La experiencia ha mostrado que a menos que estas características sean superficiales o fingidas, serán indicativas del éxito en el trabajo. Son los factores humanos que permiten que la gente trabaje bien con nosotros, tanto nuestros compañeros como otros dentro y fuera de la organización.

Apariencia

En la mayoría de los contactos con la gente nuestra reacción inmediata está relacionada con su apariencia. Una persona cuyas características físicas, modo de vestir y presencia son agradables, pulcros y atractivos empieza con el pie derecho en la mayoría de las relaciones interpersonales. Esto no significa que debamos juzgar un libro sólo por la portada, ni que debamos dar preferencia a los hombres guapos y las mujeres hermosas. La pulcritud, un semblante agradable y buen gusto en el arreglo personal son importantes.

Ten cuidado de no poner un énfasis excesivo en la apariencia.

Bárbara es una joven extremadamente atractiva. En los últimos cinco años ha tenido cuatro trabajos como representante de ventas… y ha fracasado en los cuatro. Los gerentes de ventas estaban tan impresionados por la belleza de Bárbara que de inmediato asumieron que causaría una impresión favorable en los prospectos y se volvería una vendedora exitosa. Sin embargo, Bárbara no tenía mucho más que ofrecer. Estaba tan acostumbrada a sobresalir gracias a su apariencia que nunca había tenido que esforzarse mucho.

No obstante, esto desde luego no significa que alguien físicamente atractivo esté menos cualificado o que no haya trabajado tanto como los demás para alcanzar su estatus actual. Muchas personas atractivas en sentido físico también poseen las habilidades, el impulso y la capacidad para hacer un buen trabajo. Dado que muchos de nosotros tendemos a poner un énfasis excesivo en las apariencias, debemos mirar más a fondo todos los aspectos de la experiencia de una persona antes de tomar una decisión.

Favorecemos a la gente como nosotros. Todos los asociados de Tom eran egresados de su universidad. Aunque Beth, nativa de Iowa, trabajaba en Chicago, tres miembros de su equipo también eran de Iowa. Cuando a Tom y a Beth les preguntaron por qué habían seleccionado a estas personas, sus respuestas incluyeron comentarios sobre las cualificaciones laborales, rasgos de personalidad e inteligencia, pero ninguno de los dos gerentes consideró que la similitud de sus antecedentes hubiera sido un factor.

Mucha gente favorece de manera inconsciente a personas con antecedentes similares a los suyos. Hay un sentimiento cómodo al tratar con gente que ha compartido un entorno o experiencia similar. Esto puede ser un activo al permitir que las relaciones laborales se desarrollen más rápida y fácilmente. Sin embargo, puede ocasionar que se contrate a un candidato menos cualificado. Otra limitación cuando toda la gente en un grupo de trabajo tiene antecedentes similares es la tendencia de todos a pensar muy parecido y, por lo tanto, a estar menor expuestos a ideas nuevas.

Confianza en sí mismo

Cuando entrevistaron a Frank, exudaba confianza en sí mismo. No le daba miedo hablar de sus fracasos y, a diferencia de la gente que trata de impresionar al entrevistador presumiendo sus logros, Frank fue objetivo al hablar de sus triunfos. Proyectaba una imagen de sentirse totalmente seguro de sus capacidades. Es probable que Frank manifieste esta misma confianza en sí mismo en el puesto, lo que le permitirá adaptarse rápidamente a la nueva situación.

Fluidez de expresión

Laura pudo hablar de su experiencia con facilidad y fluidez. No titubeó ni balbuceó buscando palabras. Cuando el entrevistador se puso a indagar detalles, ella estaba lista con estadísticas, aplicaciones y ejemplos específicos. Esto no sólo indica su destreza, sino también su habilidad para comunicarse: un ingrediente esencial en muchos puestos.

Sin embargo, hay gente con mucha labia que puede hablar a las mil maravillas de un trabajo del que sólo tiene experiencia o conocimiento superficiales. Aprenden la jerga del ramo. Para determinar si un aspirante habla mucho pero no hace nada, plantea preguntas de fondo e indaga ejemplos específicos del trabajo. Los farsantes con buena labia no podrán dar respuestas significativas.

Viveza

Diane resplandecía en su entrevista. Reaccionaba a las preguntas y comentarios con expresiones faciales y gestos. Se notaba que estaba bien alerta. Los aspirantes que irradian viveza suelen ser gente dinámica y emocionante que se entrega por completo a su trabajo.

Madurez

La madurez no puede medirse con por la edad cronológica de una persona. Hay jóvenes que pueden ser muy maduros y personas mayores que aún manifiesten emociones infantiles. Los aspirantes verdaderamente maduros no son hostiles ni están a la defensiva. No interpretan las preguntas como pullas de un "fiscal que los quiere hundir". No muestran autocompasión, con excusas para todos sus fracasos y deficiencias del pasado. Pueden hablar de sus debilidades con la misma facilidad que de sus fortalezas.

Sentido del humor

Evan era un amargado. En ningún momento de la entrevista sonrió ni se relajó. Incluso cuando tratamos de aligerar la entrevista con un comentario gracioso, apenas si reaccionó.

Esto pudo deberse a sus nervios, pero es más probable que Evan sea una de esas personas serias que nunca ven las cosas por el lado amable. Son difíciles de supervisar y es imposible trabajar con ellas en equipo. Es más fácil y mucho más divertido trabajar con alguien que tenga sentido del humor.

Por otro lado, los aspirantes que son demasiado frívolos, que cuentan chistes inapropiados, se ríen estruendosamente o actúan de una manera incongruente con la situación podrían ser inmaduros.

Inteligencia

Aunque algunos aspectos de la inteligencia se pueden medir con pruebas, en una entrevista podemos aprender mucho sobre qué tipo de inteligencia tiene una persona. Si el puesto requiere alguien que reaccione con rapidez a las situaciones conforme se van dando (por ejemplo, ventas), una persona que responde las preguntas rápida y sensatamente tiene el tipo de inteligencia que se necesita para el trabajo. Sin embargo, si la persona está solicitando un puesto donde es importante reflexionar sobre las cosas antes de resolverlas (por ejemplo, ingeniero investigador), una respuesta lenta pero bien ponderada puede ser indicativa del tipo de inteligencia requerida.

Cuidado con el efecto halo y el efecto rastrillo

El "efecto halo" asume que sólo porque alguien es bueno en algo, será bueno en todo. Por ejemplo, Rob es un genio de las computadoras. Dale cualquier tipo de problema que pueda solucionar una computadora y desarrollará el programa para resolverlo. Sus jefes quedaron tan impresionados por esta capacidad que ascendieron a Rob a un puesto que requería tomar decisiones que no podían resolverse con una computadora. Asumieron que como era bueno en un área, sería bueno en todas.

Lo contrario es el "efecto rastrillo". La persona en cuestión tiene una característica negativa que domina de tal modo nuestra evaluación de esa persona que no podemos ver sus rasgos positivos.

Para evitar los prejuicios del efecto halo o el efecto rastrillo, u otros enfoques de evaluación estrechos, debemos ver a la persona entera en vez de enfocarnos de manera limitada en rasgos específicos.

Busca trayectorias exitosas

"El pasado es prólogo." Al seleccionar gente para un nuevo puesto, ya sea un ascenso de alguien en la compañía o contratar alguien de fuera, el factor más significativo es su trayectoria. La gente exitosa tiende a seguir teniendo éxito. La gente con una trayectoria mediocre tiende a repetir su mediocridad. Al evaluar lo que la persona ha logrado en sus anteriores trabajos o puestos, podremos obtener una imagen realista de lo que podría hacer en su nueva situación. Para determinar y evaluar los patrones de éxito pregúntale al aspirante cuál considera que fue su mayor contribución en sus anteriores empleos. Cuando Lee solicitó trabajo de ventas no tenía esa experiencia en particular, pero su exitosa trayectoria en su anterior puesto administrativo mostraba que podía enfrentar y resolver problemas complejos en una variedad de áreas. El gerente de ventas reconoció que esto era una gran ventaja para las ventas y eligió a Lee por encima de algunos vendedores con más experiencia que también competían por el puesto. En pocos meses Lee demostró que su patrón de tener éxito se repetía en su nuevo empleo y que pronto sería uno de los mejores vendedores del equipo.

La manera en que una persona percibe el trabajo también nos dice mucho sobre el candidato. Betty era la gerente operativa de su compañía. Su principal logro era mantener un buen flujo laboral, apagar incendios y asegurarse de que todo se entregara correcta y puntualmente. Eso está bien… si queremos a alguien de "mantenimiento", que pueda mantener las operaciones tal como están. Sin embargo, si necesitamos innovación o creatividad, sería mejor buscar a alguien que haya introducido sistemas nuevos que mejoraron la productividad o que reorganizó un departamento para volverlo más eficiente.

Los logros de los que el aspirante está orgulloso también nos permiten entender mejor su manera de pensar sobre la naturaleza del trabajo. En respuesta a una pregunta sobre sus logros, Gary, candidato para un puesto de ejecutivo de recursos humanos, describió con orgullo cómo había creado una liga de boliche y un torneo de softball para su compañía. Su competidora por el puesto, Eileen, explicó que ella introdujo un programa de sugerencias que dio por resultado varias innovaciones que redujeron costos. Con base en estas respuestas, ¿quién es mejor candidato?

Calidez

Este importante activo intangible es uno de los principales ingredientes del "atractivo para ser contratado". Es difícil de describir pero sabemos cuando está ahí. La persona cálida reacciona ante nosotros, tiene empatía y muestra verdadero interés en los temas que se discuten. Esta persona hablará libremente sobre las relaciones interpersonales. Se siente cómoda en la entrevista y nos hace sentir cómodos. Un individuo con este tipo de personalidad se siente a gusto en cualquier entorno y es probable que encaje en el departamento de manera rápida y natural. Son personas agradables con las que es fácil vivir y trabajar.

Ser receptivos a la retroalimentación

El aspirante que entiende lo que estamos proyectando no sólo con nuestras preguntas y comentarios, sino con nuestro lenguaje corporal, probablemente hará lo mismo en el trabajo. Éste es un activo que resulta invaluable en el lugar de trabajo. La gente así es fácil de capacitar. Está siempre dispuesta a aceptar e implementar las instrucciones y las críticas, y trabaja bien con sus compañeros.

Naturalidad

Es probable que quien actúa con naturalidad y de manera relajada sea una persona bien integrada. Sin embargo, no descartes automáticamente a un aspirante nervioso. Para alcanzar a una persona así y determinar qué características latentes pueden existir debajo de su intranquilidad, se requiere de habilidad, paciencia y determinación. Es posible que su nerviosismo esté ocultando a su verdadero ser.

Darle información al aspirante

Una parte importante de la entrevista es darle información al aspirante sobre la compañía y el puesto. Todo el trabajo y el gasto invertidos para obtener buenos empleados se pierden si los aspirantes que queremos rechazan nuestra propuesta. Al darles una imagen positiva del puesto en la entrevista, es más probable que tengamos una mayor tasa de aceptación.

Algunos entrevistadores empiezan la entrevista describiendo las responsabilidades del puesto. Algunos le dan al aspirante una copia de la descripción del puesto desde antes de la entrevista. Esto es un grave error. Si un aspirante sabe demasiado del puesto desde un principio, es probable que amolde todas sus respuestas a lo que el puesto requiere.

Por ejemplo, le decimos a un prospecto que el trabajo será venderles a cadenas de tiendas departamentales. Aunque el aspirante tenga experiencia limitada en este campo, cuando le preguntemos: "Qué tipos de mercado manejabas?", ¿cuál crees que va a enfatizar?

La mejor manera de dar información sobre deberes y responsabilidades es dosificarla al aspirante a lo largo de la entrevista… *después* de haber determinado la experiencia del candidato en esa rama del trabajo. Por ejemplo:

Entrevistador: ¿Qué tipos de mercado manejabas?

Aspirante: Cadenas de farmacias, tiendas de descuento, tiendas departamentales y negocios de ventas por correo.

Dale seguimiento con preguntas específicas sobre la experiencia del aspirante en cada uno de esos mercados. Si su experiencia con tiendas departamentales es satisfactoria, el entrevistador ya podría decir: "Me da gusto que hayas tenido tanta experiencia con las cadenas de tiendas departamentales porque representan como 40% de nuestra lista de clientes. De ser contratado, estarías trabajando estrechamente con esas cadenas".

Si su experiencia en este ramo deja qué desear, el entrevistador podría decir: "Dado que las cadenas de tiendas departamentales representan una parte importante de nuestro negocio, de ser contratado tendríamos que darte capacitación adicional en esta área".

La mayoría de los entrevistadores le dan al aspirante la oportunidad de hacer preguntas sobre el puesto y la compañía en algún momento de la entrevista (por lo general al final). Las preguntas que hagan pueden darnos algunas pistas de la personalidad del solicitante y ayudarnos en nuestra evaluación.

¿Sus preguntas son principalmente de tipo personal (vacaciones, tiempo libre, aumentos y dudas similares) o son sobre el trabajo? La gente que sólo se preocupa por los aspectos personales probablemente estará menos motivada que los aspirantes enfocados en el trabajo. Si en estas preguntas sentimos que un candidato prometedor no está muy entusiasmado con el puesto, nos da otra oportunidad de venderle las ventajas de unirse a la compañía.

Cuando entrevistamos, siempre estamos "vendiendo". Es importante que presentemos a nuestra compañía y el puesto de una manera positiva y entusiasta. Esto no significa que debamos exagerar ni ser engañosos. En la entrevista, dile al aspirante cualquier factor negativo del puesto, pero muestra cómo los aspectos positivos tienen mayor peso. Por ejemplo: "El puesto va a requerir que trabajes tiempo extra los primeros meses para adquirir nuestra compleja capacitación técnica, pero una vez que aprendas nuestro sistema, aumentará tu dominio del campo".

Ya sea que estemos considerando a un empleado actual para un ascenso o contratar alguien de fuera, es imperativo tomar todos los pasos para asegurarnos de que se tome la decisión correcta. No pierdas de vista los riesgos de los gustos y aversiones personales, de darles demasiado énfasis a las apariencias y de los efectos halo y rastrillo. Busca un patrón de éxitos en el pasado, una actitud positiva hacia el trabajo, el tipo de inteligencia que requiere el puesto, y una personalidad cálida, desenvuelta y madura.

Síntesis y esencia

- Antes de evaluar los currículos haz una lista de requisitos clave. A menos que el aspirante cumpla con estas especificaciones, no tiene caso programar una entrevista.

- No te tomes un currículum al pie de la letra. Lee entre líneas. Busca factores negativos ocultos.
- Haz que todos los aspirantes llenen una solicitud de la compañía. El currículum debe usarse como un complemento, no un sustituto, de la solicitud.
- Antes de hacer una entrevista repasa la descripción y especificaciones del puesto, así como el currículum y formato de solicitud del aspirante.
- Una buena entrevista debe ser estructurada, pero lo suficientemente flexible para poder hacer preguntas de seguimiento.
- Haz que el aspirante se sienta cómodo con algunas preguntas no confrontativas al inicio de la entrevista.
- Verifica las referencias de los prospectos hablando con su supervisor directo y no con recursos humanos.
- Al comparar candidatos ten en cuenta a la persona entera, no sólo su experiencia laboral. Evita los efectos halo o rastrillo.

CAPÍTULO 5

CÓMO MEJORAR EL DESEMPEÑO

Phil aceptó las felicitaciones amablemente. Había ganado el campeonato del club por tercer año consecutivo. Un reportero de un periódico local le preguntó:

—Phil, eres nuestro campeón de golf indiscutido. ¿Qué consejo nos puedes dar a los demás para mejorar nuestro desempeño?

Sin titubear, Phil respondió:

—Todo empieza con la manera de colocar la pelota en el tee.

Preparación

Todo el desempeño, ya sea en un campo de golf o en el trabajo, empieza por la preparación. Antes de que se golpee la primera bola o se emprenda un proyecto, lo que se haga en preparación es lo que marcará la diferencia entre un desempeño adecuado y uno extraordinario. En golf, colocar la pelota en el tee es mucho más que sólo esa acción mecánica: implica todo lo que se ha hecho hasta ese punto para poder dominar el juego.

Competencia técnica

El primer paso es adquirir todo el conocimiento del tema que sea posible. Ser competente en el propio trabajo —como en cualquier deporte— se empieza aprendiendo los aspectos básicos y luego los más complejos del procedimiento. Volverse competentes en sentido técnico en nuestro campo es esencial para un máximo desempeño.

A Darlene le intrigaban las nuevas tecnologías de diagnóstico y tratamiento médico. Como auxiliar de enfermería en el Hospital Mercy observaba pero no operaba estos nuevos equipos. En cada oportunidad, Darlene bajaba al departamento donde los estaban usando. Habló con los técnicos y le dieron material de lectura que podía estudiar. Le interesaba especialmente el uso de la máquina de ultrasonido, que se emplea para detectar muchos problemas internos. Después se inscribió en un programa de capacitación y se certificó como Ecografista Médica de Diagnóstico, y la transfirieron a trabajar en esa área de tiempo completo. La mayoría de la gente que obtiene ese certificado hubiera estado satisfecha con ese puesto, pero Darlene quería ser más que sólo una buena trabajadora: quería ser la mejor técnica que pudiera. Continuó sus estudios y se ofreció de voluntaria para trabajar en proyectos especiales con los médicos que usaban los equipos. En relativamente poco tiempo, Darlene se convirtió en la ecografista con más pericia técnica de todo el hospital e iba bien encaminada a una carrera exitosa en ese campo.

Capacitación

La capacitación no termina cuando uno se vuelve competente técnicamente. Hasta los mejores atletas siguen entrenando, por muy exitosos que sean. Saben que la necesidad de capacitarse nunca termina.

Sam es un exitoso representante de ventas que no considera que vaya a completar su capacitación nunca. "Tengo tanto que aprender", se queja. Cada año, Sam toma por lo menos un curso de capacitación en ventas o sobre sus productos. Programa tiempo cada semana para leer libros y escuchar audios. El resultado ha sido una mejora continua en el desempeño de Sam en el servicio a sus clientes y un incremento en sus ventas.

Enseña a otros

Otra manera de perfeccionar nuestras propias habilidades es enseñar a otros. Esto no sólo nos permite repasar de manera sistemática lo que hemos estado haciendo y reforzarlo por nuestra cuenta, sino que a menudo uno aprende de la persona que está capacitando; sus preguntas y sugerencias pueden llevar a un mayor conocimiento sobre nuestro propio campo.

Ann es supervisora de procesamiento de textos para un comité de acción política. Como venían las elecciones, contrató a dos capturistas adicionales y tuvo que capacitarlos. Para garantizar que recibieran un adiestramiento rápido y eficiente, armó un programa de entrenamiento. El proceso de desarrollar este plan la obligó a repensar muchas de las técnicas que ella misma había estado usando. Recordó algunos atajos y enfoques especiales que no había usado en años y tuvo algunas ideas nuevas. Cuando empezó la capacitación, la interacción entre Ann y los aprendices la estimuló a mejorar su propio desempeño e incrementar su productividad personal.

Inténtalo

Los campeones nunca dicen: "No se puede". Tratan de encontrar la manera de superar los obstáculos. No siempre ganan, pero nunca pierden sin haber tratado de ganar.

115

Norman Strauss, contratista de recubrimientos industriales en Nueva York, se enfrentaba a un serio problema. A finales de semana tenía que entregar su cotización para pintar el Madison Square Garden, la arena deportiva cubierta más grande de la ciudad. El principal problema era pintar el techo, que estaba a más de treinta metros del nivel del piso. La manera normal de pintar los techos era construir un andamio, donde los pintores pudieran apoyarse para rociar la pintura. El costo del andamio era el mismo para todos los contratistas. La única manera de reducir significativamente su presupuesto para la licitación era encontrar otra manera de pintar el techo, sin los andamios. Todo mundo sabía que esto era imposible, así que ¿para qué molestarse?

Pero Norman Strauss no se dio por vencido tan fácil. Creía que para alcanzar el éxito uno nunca debe dejar de tratar de resolver un problema. Esa noche de camino a casa, Norman notó que la compañía de luz estaba pintando un poste del alumbrado. Para alcanzar la parte alta, estaban usando una plataforma elevadora móvil. "¿Por qué no usar esas plataformas elevadoras para alcanzar el techo del Madison Square?", pensó Norman. Al investigarlo al día siguiente descubrió que era factible y económico. Strauss pudo presentar una cotización mucho más baja que todos sus competidores y consiguió el contrato.

Piensa

El último paso al prepararse para un desempeño mejorado es pensar. Antes de comenzar el juego o el trabajo, es esencial pensarlo a fondo. Un buen golfista piensa cómo va a jugar ese hoyo antes de dar el primer golpe. Un trabajador de gran desempeño piensa a fondo cómo llevará a cabo su labor antes de iniciar el proyecto.

En una operación compleja, a menudo hay que dedicar la misma cantidad de tiempo a la planeación que su labor en sí. Antes de hacer una llamada de ventas, el representante de ventas exitoso piensa con cuidado en todos los posibles problemas que puedan surgir y cómo deberían manejarse. Los ejecutivos piensan en todas las ramificaciones que pueda tener cualquiera de sus decisiones antes de tomarlas. Es el mismo caso para los más destacados deportistas o artistas de cine, teatro y televisión.

Podemos convertirnos en alguien con un desempeño extraordinario si preparamos cuidadosamente cada proyecto, adquirimos competencia técnica, y de manera constante nos capacitamos, enseñamos a otros y tratamos de mejorar... sobre todo cuando las condiciones son desafiantes.

El proceso del desempeño

Los estándares de desempeño por lo general están basados en la experiencia de trabajadores que han hecho ese tipo de trabajo de manera satisfactoria durante cierta cantidad de tiempo. Ya sea que los estándares cubran la cantidad o la calidad del trabajo u otros aspectos, deben cumplir con estos criterios:

- *Específicos*. Cada persona que está haciendo un trabajo sabe exactamente lo que se espera que haga.
- *Medibles*. La compañía debe tener un punto de referencia para poder medir el desempeño, lo cual es fácil cuando hay un estándar cuantificable; es más difícil (pero no imposible) cuando es un estándar cualitativo. Cuando una medición numérica no es factible, algunos criterios podrían incluir completar el proyecto puntualmente, la introducción de nuevos conceptos o la participación en actividades de equipo.

117

- *Realistas.* A menos que los estándares sean alcanzables, la gente los considera injustos y se resiste a implementarlos.

La Descripción de Resultados del Desempeño (DRD)

Mejorar el desempeño —nuestro y de nuestros asociados— debe lograrse de una manera sistemática. Para empezar analizamos nuestro propio puesto y los resultados por los que somos responsables al final del día, el mes y el año. Luego continuamos hacia arriba y hacia abajo de la organización para garantizar que esté alineada de un extremo al otro de la jerarquía.

El primer paso es determinar exactamente qué queremos alcanzar con este trabajo y cómo se va a medir. Para hacer esto, debemos diseñar una Descripción de Resultados del Desempeño (DRD). A diferencia de la típica descripción del puesto que se enfoca en qué actividades o tareas hay que realizar, la Descripción de Resultados del Desempeño es una imagen de cómo se ve el trabajo cuando se está haciendo bien.

Es una imagen enfocada en los resultados que permite a gerentes y empleados trazar un camino que va desde la visión, misión y valores de la organización, hasta los objetivos medibles de cada puesto individual. La Descripción de Resultados del Desempeño no sólo ayuda a descubrir y delinear las funciones individuales del puesto, lo que llamamos las Áreas de Resultados Clave (ARC), sino que definitivamente medirá el cumplimiento exitoso en esas áreas mediante estándares de desempeño definidos de manera específica. Este documento es una herramienta de alineación que establece con toda claridad la responsabilidad individual en el equipo, el departamento y la organización.

A medida que esto se hace, todo mundo en la organización está enfocado a diario en cumplir la visión, misión y valores, y los objetivos del puesto. Esta herramienta ayuda a delinear y medir las metas, asignar claramente las responsabilidades y establecer la rendición de cuentas. La gente usa la tecnología para medir la velocidad y el rendimiento de un coche con el velocímetro y el indicador de gasolina. Los líderes ayudan a definir el desempeño identificando las Áreas de Resultados Clave y los estándares de funcionamiento relevantes en el lugar de trabajo. Este sistema le da a la gente la libertad de medir y monitorear su propio desempeño y, a la vez, minimiza la necesidad de sistemas tradicionales de medición y disciplina.

Esta perspectiva empieza desde arriba con la visión, misión y valores de la organización, y luego pasa a los resultados individuales que siempre están alineados con el equipo, su gerente y la misión de la organización.

Cuando maximizamos el proceso del desempeño, con nuestro liderazgo creamos un entorno donde la gente tiene la libertad de alcanzar los resultados que la organización necesita para mantenerse competitiva y superar las expectativas del cliente, y al mismo tiempo permite un crecimiento personal y profesional de los empleados.

Principales componentes de la DRD

Al desarrollar la DRD para un trabajo debemos determinar:

- ¿Cuál es el propósito de ese puesto? En otras palabras, ¿por qué existe ese puesto?
- ¿A qué nos hemos comprometido en este puesto y por qué?
- ¿Cuáles son las Áreas de Resultados Clave, las áreas en las que deben alcanzarse resultados específicos que, una vez que se logran, cumplen con la función del puesto?
- ¿Estas metas permanecen alineadas con la meta del puesto, y la visión y misión de la organización?

Los estándares de desempeño deberían ser específicos

Para garantizar que estas Áreas de Resultados Clave se hayan determinado de manera satisfactoria, los estándares de desempeño deberían ser específicos, medibles, alcanzables, enfocados en resultados y calendarizados. Entre otras, cosas hay que especificar:

- Fechas de entrega
- Costos
- Tareas
- Actividades requeridas para alcanzar el Área de Resultados Clave
- Habilidades, conocimientos y capacidades
- ¿Qué se necesita para alcanzar esta Área de Resultados Clave?

Los estándares de desempeño deben ser medibles

Los estándares de desempeño son condiciones tangibles, medibles, que deben existir para que el trabajo se pueda hacer bien. Estos estándares se enfocan en los resultados, no en las actividades. Deberían orientarse al resultado.

Aunque podamos crear nuestros propios estándares, una vez escritos se negocian hasta llegar a un acuerdo con el siguiente nivel gerencial. En el desempeño se podrá ver si cada estándar se alcanzó o no. Esto los vuelve objetivos en vez de subjetivos, y elimina el miedo del proceso de evaluación del desempeño.

Aquí hay algunas preguntas para hacer la "prueba de fuego" y determinar la fuerza de un estándar de desempeño.

- ¿Está bajo nuestro control o dominio?
- ¿Estamos midiendo resultados o sólo cuantificamos las actividades?

- ¿Dónde esperamos perfección?
- ¿Hay alguna posibilidad de que se malentiendan los términos o la redacción? Por ejemplo, palabras como *bueno*, *mucho*, *eficaz*, *bien hecho*, *exitoso*, *mejor*, etcétera, no son medibles ni es fácil ponerse de acuerdo en lo que significan.

A continuación hay una lista de ejemplos de estándares de desempeño. Desde luego, cada puesto requiere de un análisis individual. Éstos se presentan como ejemplos para ilustrar el proceso.

- Por lo menos 30% del aumento en las ventas para el año fiscal 2010-2011 fue de clientes nuevos.
- Todo el personal ha completado su recertificación anual obligatoria a menos de un mes del aniversario de su fecha de ingreso al puesto, en cumplimiento con las normas de la agencia certificadora.
- Todo el personal ha asistido a una reunión semanal de capacitación durante los últimos seis meses.
- Las quejas de clientes por entregas tardías se redujeron 20% en el año fiscal 2010-2011.
- La reestructuración de la junta de orientación para empleados que buscaba volverla más amena para el personal se completó el 15 de junio de 2010.
- El equipo de ventas incrementó 17% el nivel de pedidos que nos vuelven a hacer los actuales clientes del ramo farmacéutico entre el 1° de abril y el 30 de septiembre de 2010.
- La cantidad de robos y vandalismo en nuestra oficina regional se redujo 50% en el año fiscal 2010-2011, y esto dio por resultado una reducción de 10% en la prima del seguro.

- Todas las fechas de entrega de diseño gráfico se han cumplido en todas las ocasiones con cada cliente.

Evaluaciones de desempeño formales

En la mayoría de las organizaciones se lleva a cabo una evaluación formal del desempeño, que por lo regular es anual. Muchos líderes agregan una evaluación informal semestral o trimestralmente como una manera de ayudar a sus asociados a estar conscientes de su progreso.

Importancia de las evaluaciones formales

- Proporcionan un marco de referencia para hablar del historial laboral de una persona en su conjunto. El líder puede usar esta reunión para reconocer los logros del empleado y hacer sugerencias para que pueda hacer aportaciones aún mayores.
- Les permiten a los líderes comparar a todos los miembros de un grupo con los mismos parámetros.
- Proporcionan datos útiles para determinar qué tipo de capacitación adicional necesitan los empleados.
- En muchas compañías, son el principal factor para determinar los aumentos salariales y bonos.
- Su formalidad hace que se les tomen más en serio que los comentarios informales sobre el desempeño.
- Pueden usarse como un vehículo para fijar metas, planear carreras y crecer personalmente.

Desventajas de las evaluaciones del desempeño

- Pueden ser estresantes tanto para los líderes como para el personal.

- Hacen que algunos líderes se sientan tan incómodos de molestar a sus asociados que exageran en su evaluación.

- Muchos sistemas formales son inadecuados, engorrosos o mal diseñados, lo cual crea más problemas que soluciones.

- En algunas evaluaciones no se reporta debidamente el desempeño de los trabajadores buenos por temor de sus supervisores a que les hagan competencia.

Una evaluación del desempeño debidamente ejecutada puede ser una experiencia muy estimulante tanto para los empleados como para los gerentes. Para que rinda los máximos beneficios, no la trates como una confrontación. Es mejor tratarla como un intercambio significativo entre dos partes cuya meta es que el asociado se comprometa a esforzarse por mejorar y a fijarse metas para el siguiente año que lleven a una experiencia laboral más productiva y satisfactoria.

Cómo elegir el mejor sistema

Existen muchos sistemas de evaluación formales que se pueden usar. Enseguida se muestran los programas más comunes.

Sistemas basados en rasgos

El sistema de evaluación más común es el formato de "rasgos", en el que se hace una lista de una serie de rasgos y cada uno se mide según una escala que va de insatisfactorio a excelente. Aquí hay un ejemplo típico:

Rasgos

- Cantidad de trabajo
- Calidad de trabajo
- Conocimiento del puesto
- Confiabilidad
- Capacidad de aceptar instrucciones
- Iniciativa
- Creatividad
- Cooperación

Calificación

Excelente	5 puntos
Bien	4 puntos
Regular	3 puntos
Necesita mejorar	2 puntos
Insatisfactorio	1 punto

En apariencia, este sistema es sencillo de administrar y fácil de entender, pero está cargado de problemas:

- Tendencia al centro. En vez de evaluar de manera cuidadosa cada rasgo, es mucho más fácil calificar cada uno como regular o cerca de regular (las calificaciones medias).
- El "efecto halo". Como discutimos antes, algunos gerentes están tan impresionados por un rasgo que ponen una alta calificación a todos los rasgos. Lo contrario es el "efecto rastrillo".

- Preferencias personales. Los gerentes son humanos, y los humanos tenemos preferencias y aversiones personales hacia las demás personas. Estas preferencias pueden influir cualquier tipo de evaluación, pero el sistema de rasgos es especialmente vulnerable.
- Actividad reciente. Es fácil recordar lo que han hecho los empleados en los últimos meses, pero los gerentes tienden a olvidar lo que hicieron al inicio del periodo de evaluación.

Dado que la evaluación basada en rasgos se mide en términos numéricos, es tentador usar las calificaciones para comparar a los asociados. Algunas compañías fomentan el uso de una campana de Gauss al hacer estas evaluaciones. El concepto de la campana de Gauss, o curva de distribución normal, se basa en el supuesto de que en una población grande la mayoría de la gente se ubicará en la categoría promedio (en el centro), un número menor en las categorías de inferior al promedio y superior al promedio, y un número aún más pequeño en las categorías más alta y más baja.

El problema al usar la campana de Gauss en la evaluación de los empleados es que los grupos pequeños difícilmente tendrán ese tipo de distribución, y puede resultar injusto con los trabajadores en los niveles más alto y más bajo.

Por ejemplo, supongamos que Carla es una genio que trabaja en un departamento donde todos sus compañeros son genios. Sin embargo, Carla es la genio con menos nivel del grupo. En una campana de Gauss para el grupo su calificación sería "insatisfactoria". En cualquier otro grupo seguramente sería "excelente".

O supongamos que el trabajo de Harold apenas es satisfactorio pero el desempeño de todo su grupo está por debajo de la media. Comparado con los demás, si usamos una campana de Gauss, tendríamos que calificarlo como "excelente".

Debería informarse con cuidado a cada gerente y líder de grupo sobre el significado de cada categoría y la definición de cada rasgo. Entender *cantidad* y *calidad* es relativamente fácil.

Pero ¿qué es la *confiabilidad*? ¿Cómo se miden *iniciativa*, *creatividad* y otros intangibles? Al desarrollar programas de capacitación que incluyan discusiones, juegos de roles, y casos de estudio, pueden establecerse estándares que todo mundo entienda y use.

Establece criterios para las calificaciones. Es fácil identificar a los mejores empleados y a los más insatisfactorios, pero es más difícil diferenciar entre la gente de las tres categorías centrales.

Lleva una bitácora del desempeño de cada empleado a lo largo del año. No es necesario registrar el desempeño promedio, pero debemos anotar cualquier cosa especial que la persona logró o no pudo lograr. Algunas notas del lado positivo podrían decir, por ejemplo: "Superó su cuota 20%", "Completó el proyecto dos días antes de la fecha de entrega", o "Hizo una sugerencia que redujo en una tercera parte el tiempo requerido para hacer un trabajo". Las notas del lado negativo podrían decir: "Tuvo que rehacer el reporte debido a graves errores" o "Recibió una reprimenda por extender su hora de la comida tres veces este mes".

Trata de ser consciente de tus prejuicios personales y supéralos.

Reúne información. Ten ejemplos específicos de desempeño y comportamiento excepcional e insatisfactorio para sustentar la evaluación.

Evaluaciones basadas en resultados

En vez de calificar a nuestra gente con base en una opinión sobre sus diferentes rasgos, un sistema de evaluación más efectivo se enfoca en haber alcanzado resultados específicos. Las evaluaciones basadas en resultados pueden usarse en cualquier situación donde los resultados sean medibles. Es obvio que este sistema es más fácil de usar cuando intervienen factores cuantificables (como el volumen de ventas o la producción de unidades), pero también es útil en áreas tan intangibles como alcanzar metas específicas de desarrollo administrativo, alcanzar metas personales y hacer proyectos en colaboración.

En un sistema de evaluación basado en resultados, la gente que realiza la evaluación no tiene que fiarse de su juicio de rasgos abstractos, sino que puede enfocarse en lo que se esperaba de sus empleados y qué tan cerca quedaron de cumplir estas expectativas. Las expectativas se pactan al principio del periodo y se miden al final de ese lapso. En ese momento se desarrollan nuevas metas que serán medidas al final del siguiente periodo.

Veamos cómo funciona el sistema:

- Para cada proyecto, el gerente y el equipo que lo llevará a cabo se ponen de acuerdo sobre cuáles son las ARC (Áreas de Resultados Clave) de ese trabajo. Los empleados deben lograr resultados en estas áreas para cumplir con las metas.
- El líder y la gente asignada al trabajo establecen los resultados que se esperan de cada persona en cada una de las ARC.
- En una evaluación formal, los resultados que alcanzó cada asociado en cada una de las ARC se comparan con lo que se esperaba.

127

- En algunas organizaciones se emplea una escala numérica para calificar qué tan cerca quedó el empleado de alcanzar sus metas. En otras no hay calificaciones, sino que se compila un reporte narrativo para sintetizar los logros y comentar sobre su importancia.

Algunas compañías solicitan a sus asociados presentar reportes mensuales de sus avances compilados en el mismo formato de la evaluación anual. Esta técnica les permite tanto a los asociados como al gerente monitorear los avances. Al estudiar los reportes mensuales la evaluación anual se vuelve más fácil de compilar y de discutir.

> *Cuando trates con la gente, recuerda que no estás tratando con seres racionales, sino con seres emocionales.*
>
> DALE CARNEGIE

La evaluación de 360°

Las evaluaciones multinivel se han vuelto un enfoque cada vez más popular, que se usa para identificar cómo es percibido un gerente por sus jefes, sus pares, sus subordinados e incluso gente de fuera (por ejemplo, proveedores y clientes). Conocidas como evaluaciones de 360°, han sido adoptadas por compañías como General Electric, Exxon Mobil y otras corporaciones de la lista Fortune 500.

La gente no se ve a sí misma como la ven los demás. Percibimos nuestras acciones como racionales, nuestras ideas como sólidas, y nuestras decisiones como significativas. Tradicionalmente, el desempeño es evaluado sólo por nuestro propio gerente. Esto nos permite entender cómo percibe nuestro trabajo esa persona, pero no es la única con la que interactuamos.

Hacer una valoración de los altos directivos es aún más complejo, y a menudo no son evaluados. Cuando estos ejecutivos tienen una evaluación por parte de sus pares y subordinados pueden aprender cosas sobre su estilo gerencial de las cuales no estaban conscientes. Muchos se asombran al descubrir cómo los percibe la gente y, en consecuencia, toman medidas para cambiar su estilo gerencial.

Pese a las ventajas de las evaluaciones multinivel, también hay algunas potenciales desventajas. La retroalimentación puede ser dolorosa. Los evaluadores no siempre son amables ni positivos. Algunas personas ven su función como una oportunidad para criticar el comportamiento laboral de otros.

Otra falla tiene que ver con las opiniones encontradas. ¿Quién decide quién tiene la razón? ¿Y qué pasa si una evaluación es prejuiciosa? Si al evaluador le desagrada la persona evaluada, sus respuestas pueden tener un sesgo negativo; si el evaluado es un amigo, la valoración puede estar sesgada en sentido positivo. A menudo la gente que evalúa a sus jefes u otros altos ejecutivos teme que sea peligroso ser totalmente honestos.

Para garantizar que la evaluación de 360° tenga una mejor oportunidad de producir un cambio se recomienda:

- Hacer la evaluación de manera anónima y confidencial.
- Tener suficiente conocimiento de la persona que se está evaluando; los evaluadores deben haber trabajado con el evaluado por lo menos seis meses.
- Los evaluadores deben dar comentarios escritos así como calificaciones numéricas. Esto permite que sus evaluaciones sean más específicas y significativas.
- Para evitar la "fatiga de evaluación" no uses demasiadas evaluaciones de 360° para demasiados empleados a la vez.

La entrevista de evaluación de empleados

Ya sea que se use un sistema basado en puntos o en resultados, las conclusiones deben comunicarse a los asociados. Cuando a los supervisores se les pregunta qué aspecto de su trabajo es el que menos les gusta, despedir empleados suele ser el primer lugar, pero seguido de cerca por la entrevista de evaluación. A los supervisores no les molesta decirle cosas buenas a su gente, pero se sienten incómodos al hablar de las cosas negativas. Por supuesto, los empleados sienten lo mismo. Le pueden tener pavor a la entrevista de evaluación, y a menudo están nerviosos, tensos o a la defensiva. Para hacer que esta entrevista sea significativa y productiva, ambas partes deben abordar esta reunión con el sentimiento positivo de que éste es un ejercicio constructivo.

Prepara la entrevista

Las entrevistas de evaluación eficaces deben planearse con cuidado. Antes de sentarse con el asociado, el líder debe estudiar la evaluación en sí. Es útil hacer una lista de las principales áreas que haya que abordar. Señala todos los aspectos positivos del desempeño, no sólo las áreas en las que haya que mejorar. Revisa las evaluaciones anteriores. Toma nota de todas las mejorías que se han hecho desde la última evaluación. Prepara las preguntas adecuadas sobre las acciones pasadas, los pasos a tomar para mejorar y las metas a futuro.

Debemos recordar lo más que podamos sobre los patrones de conducta del empleado. ¿Tiene algún problema o idiosincrasia especial? Si se sabe que esta persona es beligerante, negativa, emocional, o cualquier otra cosa que pueda dificultar la entrevista, tienes que estar preparado para lidiar con eso.

La junta debe programarse con varios días de anticipación. Sugiérele al empleado que repase su propio desempeño antes de la junta. Muchas compañías le dan al empleado un formato de evaluación en blanco y le piden que él mismo se califique. Esto les da la oportunidad de analizar su propio desempeño de manera seria y sistemática, y prepararse para discutirlo en la junta.

Habla del desempeño

Una vez que se ha entablado una comunicación cordial con el entrevistado, debemos señalar las áreas del trabajo en las que la persona ha sobresalido y aquellas en las que se cumplieron los estándares. Al darle ejemplos específicos, el empleado sabrá que realmente estamos al tanto de sus cualidades positivas. Anima al empleado a comentar. Escucha con atención, y luego discute aquellas áreas del desempeño o la conducta que no cumplieron los estándares. Sé específico. Es mucho más eficaz dar varios ejemplos de cómo el empleado se quedó corto de las expectativas que sólo decir: "Tu trabajo no dio el ancho". Los estándares de desempeño deben explicarse con toda claridad y ser entendidos por los empleados. No debería caerles de sorpresa que les digan que no están cumpliendo esos estándares. Al mostrarles un trabajo en el que hubo un exceso de errores, o recordarles de fechas de entrega que no cumplieron, esto se verá reforzado de manera positiva.

En todas las instancias nuestra concentración debe estar sobre el trabajo, no en la persona. Nunca digas: "Lo hiciste mal". Di: "El trabajo no cumplió los estándares".

Si los problemas no tienen que ver con el desempeño sino con la conducta, también dale ejemplos. "En los últimos meses he hablado contigo sobre tu impuntualidad. Eres un buen trabajador y tus oportunidades en esta compañía serían mucho mayores si tan sólo pudieras llegar a tiempo siempre."

Que el empleado te dé sus sugerencias para mejorar

Una vez que la situación se ha presentado, en lugar de hacer recomendaciones para mejorar, pídele al empleado sus sugerencias. Algunos empleados se resistirán a esto. Presentarán excusas, coartadas y explicaciones de sus acciones pasadas, más que mirar hacia el futuro con ganas de mejorar. Escúchalos con empatía y anímalos a que expresen todo lo que piensan.

Después de hacer esto, estarán más dispuestos a afrontar la verdadera situación y pensar en ideas viables.

Pregúntales: "¿De qué manera te puedo ayudar a mejorar tu desempeño?" Acepta sus recomendaciones en lo posible y desarrolla con ellos un plan de acción de cómo puede lograrse. A menudo es útil sugerir capacitación adicional en el sitio de trabajo o de fuentes externas.

Conocemos a nuestra gente, y si a nuestro juicio es improbable que el empleado aporte sugerencias constructivas, debemos estar preparados para darle varias nosotros.

Fija metas

Si en la evaluación anual anterior se fijaron metas, revísalas. Si se alcanzaron, felicita al empleado y averigua exactamente qué se hizo para lograrlo. Si no todas se alcanzaron, averigua por qué y determina qué puede hacerse para cumplirlas en el siguiente periodo.

La entrevista de evaluación no es sólo una revisión del pasado, sino también un plan para el futuro. Pregunta: "¿Qué te gustaría lograr en los próximos doce meses?" Haz que te digan sus metas de producción, cambios de conducta y planes para avanzar. Esto también podría incluir sus metas personales, como realizar estudios adicionales, participar en actividades de asociaciones profesionales o comerciales del ramo, u otros esfuerzos externos al trabajo que los ayudarán a mejorar en su carrera. Como gerentes, debemos apoyarlos, pero al mismo tiempo es importante no hacer promesas ni dar falsas esperanzas de avance o crecimiento dentro de la empresa que puedan ir más allá de lo que nosotros podamos cumplir.

Haz que el empleado escriba cada meta y junto a ella indique lo que planea hacer para alcanzarla. Dale una copia al empleado y conserva otra junto con su formato de evaluación. Al año siguiente podemos usar esto para la entrevista de valoración.

> *La mayoría de las cosas importantes en el mundo las ha logrado gente que lo siguió intentando cuando parecía ya no haber ninguna esperanza.*
>
> DALE CARNEGIE

Hagan un resumen

Al final de la junta debemos pedir al evaluado que haga un resumen de todo lo que hablaron. Asegúrate de que entienda plenamente los aciertos y desaciertos de su desempeño y conducta, los planes y metas para el siguiente periodo y cualquier otro asunto pertinente. Mantén un registro escrito de estos puntos.

A menos de que el empleado esté fallando en su trabajo y esta evaluación sea su "última oportunidad" antes de ser despedido, termina la junta en un tono positivo. "En general lograste buenos avances en el año. Estoy seguro de que seguirás haciendo un buen trabajo."

El proceso de evaluación de empleados, si se ejecuta como se debe, puede ser una experiencia muy estimulante tanto para el empleado como para el supervisor. Esta entrevista no debe ser una confrontación, sino un intercambio significativo entre dos partes que lleva a que el empleado se comprometa a esforzarse por mejorar, y a fijar e implementar metas para el año siguiente que lo conducirán a una experiencia laboral más productiva y satisfactoria.

Síntesis y esencia

- Para cada puesto establece estándares de desempeño que sean claramente entendidos y aceptados por quienes van a realizar el trabajo.
- Cuando la gente sabe lo que se espera de ella puede monitorear su propio desempeño de manera continua.
- Si se usa el método de rasgos para evaluar al personal, ten cuidado de evitar los peligros de la tendencia a calificar todo en el centro, los efectos halo y rastrillo, los prejuicios personales, y poner el énfasis en lo más reciente.
- Las evaluaciones basadas en resultados miden el desempeño real comparándolo con expectativas predeterminadas.
- No le temas a la evaluación del desempeño. Puede ser una experiencia benéfica y que vale la pena. Podemos hacer que sea aún más valiosa si abordamos la entrevista con la disposición de manejarla de una manera constructiva.
- Lo que sí y lo que no debe hacerse en las evaluaciones de desempeño. Primero *lo que sí*:

- Sí desarrolla una reserva de buena voluntad. Sé digno de confianza.
- Sí deja que el evaluado repase todos los datos antes de la junta.
- Sí empieza por lo positivo.
- Sí vuélvete un entrenador.
- Sí recalca sus éxitos.
- Sí usa datos precisos para tu evaluación.
- Sí aconseja y corrige. Despersonaliza los errores.
- Sí deja que la otra persona salve las apariencias.
- Sí elogia hasta la más mínima mejora y elogia todos los avances. Sé efusivo en tu aprobación y generoso con tus elogios.
- Sí espera mejorías.
- Sí desarrollen conjuntamente un plan de mejoría.
- Sí revisa la DRD y fija nuevos estándares de desempeño cuando sea apropiado.
- Sí termina la evaluación asegurándole que todo va bien y que tiene una gran reputación que mantener.

- Y también observa *lo que no*:
  - No traiciones las confidencias de la persona evaluada.
  - No le guardes sorpresas desagradables.
  - No la regañes ni le reclames.
  - No seas un adversario.
  - No te enfoques exclusivamente en el fracaso.
  - No critiques, condenes ni te quejes.
  - No lances un ataque personal.
  - No humilles a la otra persona.
  - No esperes milagros.
  - No esperes grandes avances si luego la ignoras hasta la siguiente evaluación.
  - No termines la evaluación en un tono negativo.

CAPÍTULO 6

SÉ UN ENTRENADOR

Es probable que una de las partes más desafiantes del trabajo de un líder sea moldear a los miembros individuales de un equipo para convertirlos en una unidad de alto desempeño, dinámica e interactiva. Hemos visto que los entrenadores deportivos moldean a sus equipos y, como líderes de nuestros equipos de trabajo, podemos aprender de ellos.

Esto lo hacemos ayudando a los miembros del equipo a desarrollar sus talentos hasta la capacidad óptima. Hacemos que nuestro equipo se mantenga alerta en cuanto a las metas de la organización y los últimos métodos y técnicas que nos permitirán alcanzar esos objetivos. Los ayudamos a aprender lo que no saben y a perfeccionar lo que saben.

Un buen ejemplo es Bob, un experimentado vendedor contratado recientemente por la compañía. Dada su exitosa carrera, Bob no esperaba que su gerente le diera mucha capacitación. Supuso que recibiría una orientación sobre la línea de productos y lo mandarían al campo. Pero el gerente de Bob insistió en darle la misma capacitación exhaustiva que a los vendedores con menos experiencia que recién se estaban entrenando. Bob lo entendió. Él había sido campeón corredor en la preparatoria, pero su entrenador en la universidad le había dado la misma atención y entrenamiento que a los miembros del equipo que nunca antes habían competido. Los gerentes exitosos tienen esto en mente cuando contratan a un nuevo empleado. Aunque tenga experiencia previa, es necesario trabajar en torno al enfoque que tiene la compañía sobre el puesto, que puede ser distinto a la experiencia del empleado. La mayoría de los gerentes no titubean en hacer esto con una persona sin experiencia previa, pero a menudo lo olvidan con el personal experimentado.

Cómo ayudar a los miembros del equipo a hacerse cargo de sus puestos

Nuestro grupo de trabajo o equipo está compuesto de individuos. Cada persona del grupo contribuye al éxito de la misión del equipo. Para hacer esto, cada miembro debe ser hábil en el trabajo que desempeña y estar motivado para realizarlo de manera óptima.

He aquí algunas sugerencias que les han funcionado a muchos líderes:

El líder anima a sus asociados a dominar su trabajo

Cuando los trabajadores conocen bien su trabajo y lo realizan de manera profesional, van camino a dominar su vida laboral. El entrenador no sólo capacita a los miembros nuevos del grupo sobre los aspectos básicos de sus puestos, sino que trabaja con todos los miembros para tenerlos a la vanguardia con lo último en tecnología, métodos e innovaciones. Además, el líder anima a su equipo a tomar la iniciativa en aumentar sus conocimientos, leer, tomar cursos, ir a seminarios, y aprender de los demás —no sólo de aspectos específicos de las funciones que realizan en ese momento, sino para ampliar sus conocimientos de su profesión o especialidad—. Esto le da al asociado un sentimiento de comodidad y seguridad al enfrentar los nuevos desafíos que surjan.

El entrenamiento nunca termina

Se pueden aprender técnicas de entrenamiento observando a un entrenador deportivo. El entrenador profesional, ya sea el *coach* de un equipo o un gerente, empieza el entrenamiento con una orientación exhaustiva de lo que debe adquirirse. Esto puede hacerse en sesiones grupales (si se está capacitando a más de una persona) o en pláticas individuales. Los materiales de apoyo para la capacitación, tales como manuales, películas o audios, son útiles en esta etapa.

Elena, gerente de procesamiento de datos de una distribuidora de artículos para el hogar, tiene un historial de éxito envidiable en hacer que la gente nueva pueda empezar a trabajar rápidamente. Cuando un nuevo empleado llega a su departamento, Elena trabaja de manera casi exclusiva con esa persona durante sus primeros días. Dice: "Entre más tiempo le dedico al inicio, mayor es la tasa de éxito". En esta capacitación inicial, Elena le da a su gente un concienzudo repaso de los elementos básicos de las computadoras que se usan en su departamento —sin importar cuánta experiencia tenga el nuevo empleado—. Dice que así empiezan de manera correcta, pues esto ayuda a eliminar cualquier mal hábito adquirido en trabajos anteriores.

La capacitación no termina cuando al nuevo empleado se le permite trabajar de manera independiente

Por mucho tiempo que lleve alguien en el equipo, continuar con la capacitación y recapacitación debe ser parte del trabajo del gerente. Los líderes exitosos no concentran sus esfuerzos en entrenar sólo a aquellos que no están teniendo un desempeño satisfactorio sino que se dan a la tarea de trabajar con toda su gente de manera regular. Así como el entrenador de un equipo deportivo constantemente está alerta para identificar las áreas donde cada miembro del equipo puede mejorar, de igual manera los supervisores exitosos buscan trabajar con cada persona de su equipo para pulir sus habilidades y que puedan volverse aún más eficaces en su trabajo.

En forma periódica, los gerentes deben tener conferencias individuales de capacitación con cada persona de su equipo y reuniones grupales con todo el personal. El gerente siempre debe estar alerta a cualquier variación en el desempeño de todos sus subordinados y darles sugerencias y orientación para que mejoren.

Persigue la excelencia

En la mayoría de los equipos hay integrantes que sabemos que podrían tener un mejor desempeño. Hacen un trabajo satisfactorio, incluso bueno, pero vemos en ellos un potencial que no se está alcanzando.

Un ejemplo: Cathy, líder de un equipo de desarrollo de mercado, sentía que una de sus asociadas, Christine, era una persona así. Programó una junta con Christine y le dijo: "Tu trabajo es bueno, no tengo ninguna queja, pero sé que podrías y deberías mejorar. Si no fueras tan brillante, estaría satisfecha con lo que estás haciendo, pero veo que tienes la capacidad de ser una de las mejores personas de toda la compañía. Si te conformas con un desempeño mediocre, no estás apuntando lo bastante alto. Vamos a diseñar un plan juntas para ayudarte a que alcances todo lo que eres capaz de alcanzar".

Ambas fijaron metas en conjunto e hicieron un plan para alcanzarlas. Establecieron estándares para poder medir qué tan cerca iba Christine de esas metas. Se reunieron de manera periódica para evaluar su progreso. A los pocos meses, el trabajo de Christine se volvió mucho más eficaz y ella iba camino a una carrera emocionante y satisfactoria.

Haz que el miembro del equipo participe

Como se mencionó anteriormente en este libro, se ha demostrado que cuando la gente participa en las decisiones que le afectan es más probable que trabaje para alcanzarlas. Cuando un nuevo proyecto se está asignando, en vez de decirles a los designados cómo hacerlo debemos trabajar junto con ellos en establecer los procedimientos. Darles algo de control sobre cómo se va a hacer es otra manera de ayudarlos a hacerse cargo de su trabajo.

Alienta la creatividad

La mayoría de la gente siente que tiene algún control sobre su trabajo cuando sus sugerencias e ideas se toman en serio. Nadie espera que todas sus sugerencias sean aceptadas, pero sí esperan que se les considere seriamente. Debemos crear un ambiente de innovación. Esto les dará a los asociados la oportunidad de criticar las prácticas actuales y pensar en ideas para mejorarlas. Mantén una mente abierta a las nuevas ideas. La vieja máxima "Si algo funciona no lo arregles" debe reemplazarse con "Si algo funciona ahora, es probable que sea obsoleto".

No te des por vencido fácilmente con tus asociados

Se van a cometer errores. Úsalos como herramientas para mejorar el trabajo de esa persona. Cuando la gente aprende de sus errores es menos probable que los repita.

Anima a todos los miembros del equipo a repensar su trabajo y a saber que sus puntos de vista —por muy radicales que puedan parecer— serán escuchados.

Diez consejos para ser el entrenador de tus asociados

1) Reúnete de manera regular con cada asociado para identificar qué puede hacer esa persona para volverse más eficaz y qué puedes hacer para ayudarle.

2) No te esperes a una evaluación de desempeño formal para confrontar el mal desempeño. Toma acciones para corregirlo en cuanto lo observes.

3) Lleva un registro del progreso de cada asociado. Incluye ejemplos de éxitos y fracasos. Señala las áreas donde se necesita mejorar. Especifica recomendaciones para el crecimiento de esa persona.

4) Al capacitar a los asociados, recuerda que la gente llega a dominar una tarea paso a pasito. Desarrolla la capacitación empezando con tareas pequeñas para el asociado y a partir de ahí dale tareas más complejas.

5) Anima a los que aprenden con lentitud elogiando sus esfuerzos y reforzando la capacitación para ayudarlos a ponerse al corriente.

6) Más que trabajar para alcanzar varias metas al mismo tiempo, ayuda a los asociados a desarrollar sus habilidades trabajando en una meta a la vez. Cuando vayan camino a cumplirla, agrega otra meta.

7) Deberíamos ser un modelo a seguir para los asociados en nuestra propia búsqueda de conocimiento y en la aplicación de nuevos enfoques en el trabajo.

8) Transmite los consejos, información e ideas que adquieras a los miembros del equipo. Esto puede tomar la forma de artículos que leamos y guardemos, recur-

sos en internet que les mandemos o conceptos nuevos que compartamos con ellos de manera verbal.

9) Asigna a los asociados la responsabilidad de todo el proyecto o de una parte, y dales la libertad de hacerlo sin interferencias.

10) Si la sesión de entrenamiento no resulta en una mejoría, haz estas preguntas:
  * ¿Cuál era el propósito de la sesión de entrenamiento?
  * ¿Qué hice yo para cumplir ese propósito?
  * ¿Qué acción se tomó como resultado de la sesión?

Haz que el miembro del equipo responda las mismas preguntas y compara los resultados.

Entrenar al equipo

Dado que hoy en día mucho trabajo se hace en equipo, no basta con capacitar a cada integrante para que tenga un desempeño óptimo. Es igualmente importante integrar a todo el grupo en una unidad de trabajo coordinada.

Para un equipo nuevo, esto empieza con una orientación exhaustiva sobre los objetivos del grupo de trabajo: qué se espera de cada asociado y del equipo. Esto puede hacerse en sesiones grupales o, cuando se suma un nuevo miembro al equipo, individualmente.

Veamos el caso de Érica, líder de un equipo de tecnología de la información. Cuando al grupo de trabajo le asignan un nuevo proyecto, Érica se pasa el primer día o más discutiéndolo con el resto de los integrantes —tanto de manera individual como grupal—. Ella aprovecha la experiencia que varios miembros del equipo han tenido con proyectos similares y juntos planean toda la operación. A medida que avanza el proyecto, está atenta al progreso de cada asociado y participa brindando asistencia, capacitación adicional o cualquier cosa que se necesite para hacer que sean más eficaces en el trabajo.

Da charlas motivacionales

Así como el entrenador de un equipo deportivo da charlas motivacionales a su equipo antes del juego y en los descansos, los líderes de equipo han descubierto que las pláticas motivacionales estimulan la producción y revitalizan a los miembros cuando el entusiasmo flaquea. Una charla motivacional es más que sólo gritar: "¡Vamos, equipo!" El líder eficaz les brinda a los integrantes del equipo orientación de lo que tienen que cambiar para ser miembros más eficientes y trabaja con ellos para hacer esos cambios.

Las charlas motivacionales ayudan a impulsar al equipo hacia delante en el corto plazo —y a menudo con eso basta para sacarlo de una mala racha—. Para un efecto más duradero, debemos hacer que el equipo se mantenga alerta a su propio progreso. Es importante elogiar cada logro, celebrar el cumplimiento de metas intermedias y dar reconocimiento a los miembros que hagan un trabajo sobresaliente.

Los buenos líderes, al igual que los buenos entrenadores, entrenan a la gente a darse charlas motivacionales ella sola. Al mostrarles a los asociados que pueden confiar en sus propias habilidades y ayudarlos a desarrollar esta confianza en sí mismos, los gerentes están desempeñado una de las funciones más importantes de su puesto de gerente / entrenador. Los entrenadores exitosos trabajan con la gente para infundirle ánimos cuando está deprimida, reentrenarla cuando olvida los aspectos fundamentales del trabajo; celebran sus triunfos con ella, entienden su personalidad, y modelan programas motivacionales para aprovechar estos factores. Los entrenadores eficaces no se dan por vencidos fácilmente cuando algunas personas no cumplen las expectativas. Trabajan con su gente y hacen todo lo posible por elevarla al nivel de los altos estándares que el equipo debe cumplir.

Los gerentes pueden lograr esto conociendo a su gente y entendiendo sus diferencias individuales. Como señalamos antes, no toda la gente es igual y uno de los principales errores al tratar de motivarla es suponer que todos quieren lo mismo de su trabajo. Puede ser necesario hacer un programa motivacional especial a la medida de cada empleado. Pero lo más común es que los supervisores descubran que aunque a cada persona la motivan distintas cosas, existen ciertos factores que pueden integrarse en la mayoría de los sistemas motivacionales.

Los buenos líderes reconocen el desempeño extraordinario así como cada mejora. Cuando se tiene un logro especial, el líder elogia al equipo y reitera que el esfuerzo en colaboración de los miembros contribuyó a alcanzar ese logro. Un gerente tiene la costumbre de improvisar una fiesta con pizza o helado cuando una parte importante de un proyecto se finaliza con éxito. Otro gerente hace una carne asada en su casa para todos los miembros del equipo y sus parejas cuando terminan un proyecto especialmente complejo.

El cambio es incómodo. Por eso es común que la gente retome con rapidez sus viejos hábitos si no están presentes el refuerzo y la recompensa. El hábito es más fuerte que el conocimiento.

Cualquier tonto puede criticar, condenar y quejarse, pero se requiere de carácter y autocontrol para ser comprensivo e indulgente.

DALE CARNEGIE

Tanto el entrenador como quien recibe el entrenamiento deben creer en la visión

Uno de los conceptos más importantes para ser un entrenador es tener en mente una visión o meta final. Sin ella, la gente a menudo pierde de vista la importancia de hacer los cambios necesarios. Cómo creamos esta imagen de lo que es posible es el componente central de este paso en el proceso de ser un entrenador.

La gente que tiene una visión clara del resultado deseado del entrenamiento tiende a avanzar en esa dirección más rápido que quienes no la tienen. Pero es crucial que la meta la hagan suya tanto el entrenador como la persona que recibe el entrenamiento. Si no la sienten como suya, se puede perder la motivación. Nos enfocaremos en la motivación y el convencimiento aún más en el siguiente paso del proceso, pero aquí es donde empiezan en realidad la dirección y la motivación.

1. Establece la actitud correcta

Lo bien que conozcamos realmente a nuestra gente puede determinar qué tan rápido sepamos si tenemos a la correcta para el trabajo y cómo motivarla. Este paso es una parte crítica del proceso de ser un entrenador eficaz. Sin él, nos pasamos buena parte de nuestro tiempo sólo en superar la resistencia.

A menudo escuchamos que la gente se resiste al cambio. Eso no es verdad. La gente se resiste a que la cambien cuando: *1)* no le ve la necesidad, *2)* no quiere, o *3)* cree que no es un cambio posible para ella. Siempre que le pedimos a la gente que cambie sin estar convencida, creamos resistencia. El entrenador eficaz crea un ambiente donde se motiva de manera consistente a la gente a alcanzar altos niveles de desempeño.

2. Proporciona los recursos

El gerente eficaz se asegura de que todos los recursos necesarios para la capacitación estén disponibles. Esto incluye proporcionar tiempo, dinero, equipo, materiales de apoyo, información, así como el convencimiento y apoyo de los altos mandos, y lo más importante, el compromiso personal de todos los involucrados en tener éxito.

Debemos asegurarnos de que los recursos adecuados estén disponibles. No hay nada más frustrante que cuando te prometen algo y luego no te lo dan. Puede hacer que todos sientan que los están condenando al fracaso.

3. Identifica las fortalezas y las oportunidades de mejorar

La práctica también le permite al entrenador identificar las fortalezas y las oportunidades de mejorar. Algunos de los puntos a considerar son:

- Cómo animar a los demás a triunfar.
- Qué tan de cerca monitorear y cuándo soltar.
- Cómo hacer que los otros rindan cuentas de su progreso.
- Cómo reforzar. Una cosa es lograr un avance, pero si no hay una manera de reforzarlo y continuarlo la gente pronto puede volver a hacer las cosas como antes. Una de las mayores falacias a las que se aferran los gerentes es la suposición de que si la gente sabe algo, actuará en consecuencia. *La gente no hace lo que sabe: hace lo que siempre ha hecho.*

Algunas de las habilidades que debemos buscar al reforzar el entrenamiento son:

- Empoderar a la gente para que obtenga resultados cuando ha adquirido nuevas habilidades.

- Dar el tipo correcto de retroalimentación.
- Dar seguimiento.
- Manejar los asuntos que no se relacionan con el desempeño.
- Manejar los errores y a la gente que se desvía de los objetivos.

4. Recompensa los logros

Una de las mejores maneras de cimentar el crecimiento y el progreso es recompensarlo. Lo que recompensamos se repite. Lo que se repite se vuelve hábito. El cambio es incómodo. Por eso la gente a menudo regresa con rapidez a su manera anterior de hacer las cosas si el refuerzo y la recompensa no están presentes. El hábito es más fuerte que el conocimiento. En el capítulo 3 hay sugerencias de cómo recompensar y elogiar.

5. Sé un mentor; desarrolla a otros para que sean mentores

Uno de los mejores enfoques para desarrollar a nuestra gente es animar a los asociados con más experiencia a ser mentores de los empleados en capacitación. Por ejemplo, un gerente de alto nivel toma de protegido a un empleado más joven y se vuelve el mentor de esa persona. Esto le da a la persona no sólo una ventaja para avanzar, sino que además le ayudará a agarrarle el modo al trabajo, las sutilezas y matices propios de la compañía, y los "secretos del oficio".

Sería una enorme ventaja para las organizaciones si todo mundo tuviera un mentor. Como líderes, debemos considerar ser mentores como un requisito laboral no sólo para nosotros mismos, sino para todos los miembros del equipo con experiencia. Al estructurar un programa de mentores y asignar a la mejor gente de nuestro equipo la responsabilidad de ser mentores de un nuevo asociado, damos un gigantesco paso adelante en hacer que el recién llegado sea productivo y se encamine hacia el crecimiento personal.

Los líderes de las organizaciones son gente ocupada. A menudo, simplemente no tienen suficiente tiempo para los asociados, en especial los recién llegados al equipo. Una solución es designar a un miembro del equipo con experiencia para que sea mentor del recién llegado. No siempre elijas al mismo asociado para que sea mentor. Todos los asociados deberían tener la oportunidad de desempeñar este papel.

Un programa de mentores estructurado requiere que la gente elegida para ser mentora esté dispuesta a aceptar el cargo. Obligar a alguien a ser mentor es contraproducente. No todo el mundo está interesado ni cualificado para ser mentor. Sin embargo, si a nuestro juicio la persona que rechaza el cargo realmente está cualificada, pero es tímida o le falta seguridad en sí misma, deberíamos hablar francamente con ella sobre cómo, si acepta, tanto el nuevo miembro como todo el equipo se beneficiarán. Los nuevos mentores deben ser capacitados por gente con experiencia en el arte de ser un mentor.

Tanto el mentor como el protegido se benefician del proceso. Obviamente, el protegido aprende mucho más del proceso, pero de igual importancia, el mentor gana al pulir sus habilidades para transmitirlas. El sentido de responsabilidad del mentor aumenta al guiar a sus protegidos por el laberinto de las políticas y prácticas de la empresa.

También los vuelve más eficaces en sus relaciones interpersonales.

Diez consejos para mentores nuevos
Cuando nos asignan la función de mentor debemos aprender lo más que podamos sobre el arte de serlo. Si tuvimos una

experiencia personal exitosa con un mentor, podemos usarla de modelo. Si no, busca a otro miembro del equipo que haya sido un mentor exitoso y aprende de él o ella.

Aquí hay diez cosas que tener en cuenta:

1) Conoce el trabajo. Repasa los puntos básicos. Recuerda los problemas que has enfrentado y cómo los manejaste. Prepárate para responder preguntas sobre cada aspecto del trabajo.

2) Conoce lo más posible sobre la compañía. Una de las principales funciones de un mentor es ayudar a la persona en capacitación a superar los obstáculos del desconocimiento de las políticas y prácticas de la empresa. Lo que es más importante, al llevar mucho tiempo en la organización, nosotros conocemos su funcionamiento interno, las verdaderas estructuras de poder y cómo se manejan.

3) Conoce al protegido. Para ser un mentor eficaz, debemos tomarnos el tiempo de aprender lo más que podamos sobre la persona de la que seremos mentores. Aprende sobre su educación, experiencia laboral previa, trabajo actual y más. Aprende sobre sus metas, ambiciones e intereses externos. Observa los rasgos de personalidad. Acostúmbrate a sus formas preferidas de comunicarse: frente a frente, memorándums escritos, teléfono, correo electrónico, Twitter, mensajes de texto, etcétera.

4) Aprende a enseñar. Si tenemos experiencia mínima enseñando a los demás, vale la pena pedir consejos sobre métodos de enseñanza a los mejores capacitadores que conozcamos. Lee artículos y libros sobre técnicas de capacitación.

5) Aprende a aprender. Es esencial que sigamos aprendiendo no sólo las últimas técnicas en nuestro propio campo, sino los desarrollos en nuestra industria, en nuestro círculo empresarial y en el campo de la administración en general.

6) Sé paciente. Algunas personas aprenden más despacio que otras. Esto no quiere decir que sean estúpidas. Si la persona de quien eres mentor no aprende enseguida, ten paciencia. Las personas que aprenden lento a menudo acaban siendo miembros productivos del equipo.

7) Ten tacto. No seas un sargento instructor que entrena a un novato para sobrevivir en combate. Sé amable. Sé cortés. Sé apacible, pero firme, y asegúrate de que la persona en capacitación sepa que esperas lo mejor.

8) No tengas miedo de tomar riesgos. Dale a tu protegido tareas que desafíen sus capacidades. Avísale que pueden ocurrir fallas, pero la mejor manera de crecer es enfrentando trabajos difíciles. Las fallas deben verse como una experiencia de aprendizaje.

9) Celebra los éxitos. Que la persona en capacitación sepa que estás orgulloso de sus logros y avances. Cuando tenga un logro especialmente significativo, haz mucho alboroto.

10) Anima a tu protegido a volverse mentor. La mejor recompensa que podemos obtener de ser mentores es que una vez que termine su necesidad de tener un mentor, el protegido continúe el proceso convirtiéndose en mentor.

La gente exitosa saca provecho de sus errores y lo vuelve a intentar de otra manera.

DALE CARNEGIE

Las nueve ERRES para corregir errores

Hasta la mejor gente comete errores en su trabajo de vez en cuando. Es responsabilidad del gerente corregir esos errores. Para mantener la moral y obtener lo mejor de nuestra gente, debemos hacerlo sin causar resentimientos y sin hacer que el asociado se sienta inepto o inferior. Aunque podamos sentirnos frustrados, molestos o incluso furiosos por la situación, éste no es el lugar ni el momento para perder los estribos, y ponernos a despotricar y a gritonearle a la persona que cometió el error. Aborda cualquier situación en cuanto se presente. Por inseguridad de nuestra propia capacidad para comunicarnos bien, a menudo esperamos hasta que la situación alcance proporciones intolerables y entonces estallamos iracundos. Así que mejor actúa al principio, cuando la situación y tus reacciones son manejables.

He aquí algunas sugerencias de cómo corregir errores de manera diplomática, enseñarle al asociado a corregirlos y a evitar errores futuros.

1. Recabar información

Hay que hacer la tarea y asegurarnos de tener todos los hechos antes de discutirlos con el asociado. Nuestro propósito no es armar un caso sino más bien obtener información. Debemos mantener una mente abierta y mirar debajo de los hechos para entender mejor las motivaciones.

2. Reducir la tensión

Cuando nos reunimos con la persona que cometió el error, lo mejor es empezar tranquilizando a esa persona y reduciendo su ansiedad. Una manera de hacer esto es dar inicio con una felicitación honesta por algo que respalde la evidencia. En vez de hacer un elogio general, elige una conducta que hayas observado. Sigue una política de mantener la calidez en tus relaciones profesionales, para que la otra persona esté abierta a tus observaciones.

Ten esta plática en privado. No hagas ni digas nada que pueda hacer que la persona se avergüence o quede mal en frente de otros.

Adopta la actitud y las acciones que quieres que la otra persona exhiba. Si hablas tranquilamente es probable que la otra persona haga lo mismo. Si ves la falla como algo pequeño y fácil de corregir, la otra persona podría adoptar la misma actitud.

3. Relacionarse con la situación

Algo esencial para corregir un problema es enfocarse en él y no en la persona. Elimina los pronombres personales y despersonaliza el problema. Lo que estuvo mal fue la acción, no la persona que la llevó a cabo. Queremos darle a la otra persona la oportunidad de explicar lo que pasó y luego decirle lo que sabemos del problema. Debemos escuchar para entender y determinar si está aceptando la responsabilidad o culpando a otros y evadiéndola. Nuestra meta es recabar hechos e información, para poder identificar el problema con precisión y determinar por qué ocurrió. Al no poner a la gente a la defensiva y no sacar conclusiones de manera anticipada, surgirán distintas perspectivas y podrá identificarse la raíz del problema.

En vez de ponerle una etiqueta o un rasgo negativo al individuo, deberías expresar tus comentarios en términos no acusatorios. Aquí hay algunos ejemplos:

En vez de decir: "En este reporte no hay suficiente información sobre cuestiones de seguridad", di: "Este reporte es muy exhaustivo; podría ser aún más eficaz si la sección sobre seguridad fuera más detallada…"

En lugar de comentar: "¿Por qué fuiste tan descuidado con estas estadísticas?", cuando sea apropiado, proporciona el paso o acción que se debe tomar: "Joe Smith tiene las cifras actualizadas que necesitas. ¿Puedes reunirte con él hoy?" o "¿Podrías llamar a Mary Ross en X-Tech para darle la fecha de embarque corregida?"

Cómo se relacione el asociado con el problema —sus acciones, actitud y conducta en esta decisión— determinará tus siguientes pasos.

4. Restaurar el desempeño

El propósito de este paso es remediar el problema, reducir las probabilidades de que el error vuelva a ocurrir y restaurar el desempeño de la persona. También implica planear para encontrar la manera de que el problema no vuelva a presentarse.

Este paso se debe manejar de manera distinta con el asociado que acepta la responsabilidad y con el que culpa a otros y la evade. Con el empleado responsable, si le hacemos preguntas, lo escuchamos y lo orientamos de manera eficaz, podemos animarlo a que sugiera formas de corregir la situación. Involucra al asociado en el proceso de análisis del problema y de toma de decisiones.

Para el empleado que culpa a otros o evade la responsabilidad, quizá el gerente primero tenga que reafirmar las expectativas de desempeño y orientarlo para que acepte su responsabilidad, lo cual restaura la rendición de cuentas.

5. Reconfortar

Este paso se enfoca en la persona. Obviamente, una persona que cometió un error puede sentirse, hasta cierto punto, como una fracasada y es menos probable que aborde la siguiente oportunidad con seguridad en sí misma. Por eso, el gerente tiene que ayudar al asociado a ver la situación en otro contexto.

Es necesario reconfortar al asociado haciéndole ver su valor e importancia para la organización, y que cuenta con el apoyo y la confianza del gerente. El asociado debe salir de la junta sintiéndose motivado a alcanzar su desempeño óptimo por lo que percibe como una relación sólida con la organización.

La persona que "culpa" o "evade" debe salir con un sentido de responsabilidad y una correcta comprensión de cuáles son las expectativas de la compañía. Esta persona también debería entender que te importan su éxito y crecimiento, y que estás comprometido con ellos.

6. Retener

Si manejamos bien los pasos anteriores, hemos incrementado nuestras probabilidades de retener a la persona y aumentado su compromiso. También refuerza la moral de todo nuestro equipo. Esto construye confianza e incrementa el nivel de compromiso y la ética laboral.

7. Reafirmar

Sin embargo, a veces la gente se resiste a nuestros esfuerzos por reparar la situación o el desempeño o se niega a entender el problema. En esos casos, nuestro siguiente paso es reafirmar los hechos, la gravedad, la política y el remedio adecuado para el problema; esto le da a la persona una oportunidad más de hacer lo correcto.

8. Reprender

Cuando la gente se rehúsa a aceptar su responsabilidad es posible que tengamos que reprenderla formalmente de alguna manera antes de tomar otras acciones. La mayoría de las organizaciones han establecido políticas y procedimientos que deben seguirse antes de que pueda emprenderse una acción disciplinaria. Esto es en particular importante en compañías con contratos ya sea con empleados individuales o con un sindicato. La manera de llevar a cabo esas reprimendas se discute en el capítulo 9.

9. Remover

A veces descubrimos que un empleado no encaja bien en una tarea o proyecto en especial, o en algunos casos en una parte importante de las actividades del departamento. Quizá sea necesario explorar cuáles son sus fortalezas, intereses y metas y buscar otro lugar en la compañía donde pueda encajar mejor. Es una injusticia para los empleados y las compañías perpetuar una situación en la que los individuos sienten que nunca podrán tener éxito.

El último recurso cuando han fallado los intentos por capacitarlo para dar el desempeño deseado es removerlo de esa área de responsabilidad: reemplazarlo, reasignarlo o despedirlo de la organización. Recuerda cumplir con todas las políticas de la compañía al tomar esta decisión.

Síntesis y esencia

- El trabajo del líder es asegurarse de que todos los miembros del grupo o equipo conozcan las metas de la organización y los últimos métodos y técnicas que les permitan alcanzar esas metas. Los ayuda a aprender lo que no saben y a perfeccionar lo que sí.
- Así como el entrenador de un equipo deportivo siempre está alerta para identificar las áreas donde cada

miembro del equipo puede mejorar, de la misma manera los supervisores exitosos buscan trabajar con toda su gente de manera individual para afinar sus habilidades y que puedan volverse aún más eficaces en su trabajo.

- Dado que hoy en día mucho trabajo se hace en equipo, no basta con capacitar a cada miembro a tener un óptimo desempeño. Es igualmente importante integrar a todo el grupo en una unidad de trabajo coordinada.

- Así como el entrenador de un equipo deportivo da charlas motivacionales a su equipo antes del juego y en los descansos, los líderes han descubierto que las pláticas motivacionales estimulan la producción y revitalizan a la gente cuando el entusiasmo flaquea.

- Los buenos líderes reconocen cada mejora importante y punto bueno. Cuando se tiene un logro especial, el líder elogia al equipo y reitera que el esfuerzo en cooperación de todos los miembros contribuyó a ese logro.

- Uno de los mejores enfoques para desarrollar a nuestra gente es ser su mentor. Esto le da a la persona no sólo una ventaja para avanzar, sino que además le ayudará a agarrarle el modo al trabajo, las sutilezas y matices propios de la compañía y los "secretos del oficio".

- Para evitar resentimientos y asegurar la cooperación, al corregir los errores de un asociado enfócate en el problema, no en la persona.

- Al tratar con asociados que no alcanzaron los estándares de desempeño, sigue el enfoque de las "nueve ERRES".

CAPÍTULO 7

CÓMO DELEGAR SIN MIEDO

Delegar es el proceso en el que el gerente asigna a uno o más de sus asociados los deberes o responsabilidades que deben desempeñar y al mismo tiempo les da una autoridad proporcional a esas responsabilidades. Al establecer y comunicar los estándares de desempeño, el gerente establece la rendición de cuentas por parte del delegado. Cuando comparte la responsabilidad asignando los deberes, junto con la autoridad y la rendición de cuentas, el gerente puede dirigir en vez de hacer.

Razones para delegar

Como gerentes, podemos decidir delegar por muchas razones. Algunas son:

- Pasarle a alguien más parte de nuestra carga de trabajo nos libera para trabajar en otras tareas que puedan ser más complejas, de más alta prioridad o que requieran nuestra atención especial.
- Delegar es una oportunidad de desarrollar a nuestra gente con tareas que le resulten demandantes.

- Nos permite aprovechar las especializaciones o preferencias de otros miembros de nuestro equipo.
- Delegar nos permite repartir la carga de trabajo, lo cual acelera así el proceso de hacer las cosas.

No tengas miedo de delegar

Para que la mayoría de los supervisores o gerentes puedan cumplir todas sus actividades, es esencial que deleguen parte de su trabajo a sus subordinados. Sin embargo, a muchos gerentes les da miedo delegar. Veamos algunas de las razones:

- Temor al cambio y a lo desconocido.
- No poder o no querer soltar, o una tendencia a microgestionar.
- Creer que somos los únicos que podemos hacer el trabajo como se debe.
- No querer dejar de hacer algo que disfrutamos.
- Falta de confianza en los subordinados o en su capacidad de desempeño, y creer que "si quieres que algo se haga bien, tienes que hacerlo tú mismo".
- Creer que es más rápido y fácil hacer una tarea nosotros mismos que capacitar a otros a hacerla.
- Temores relacionados con el ego, a que los subordinados tengan un mejor desempeño que nosotros o a que nos volvamos prescindibles.
- Falta de confianza en nuestra propia capacidad para capacitar, dirigir y liderar a otros.
- Miedo de hacer imposiciones o exigencias a los demás; no queremos ser "el malo".
- Miedo al conflicto.

Cómo desarrollar la confianza en uno mismo

La mayoría de los temores en la lista anterior se deben a una falta de confianza en uno mismo. Un ejemplo es Paul, que teme que si un subordinado hace el trabajo demasiado bien, se volverá una amenaza para él. "Si el jefe ve que alguien de mi equipo puede hacer lo mismo que yo, mi trabajo puede estar en riesgo."

Aunque los gerentes han sido reemplazados por subordinados de menor salario, esto rara vez se hace sólo por ahorrar dinero. De hecho, lo contrario es más común. La mayoría de las compañías consideran qué tan eficazmente los gerentes desarrollan las capacidades de su gente al evaluar sus habilidades gerenciales.

Al volverse lo más competente que pueda en su trabajo, Paul se ganará el respeto de sus supervisores y, como sabe que es bueno en su labor, aumentará su confianza en sí mismo. Al hacer que su gente sea más eficaz en el trabajo, podrá lograr más cosas en aquellos aspectos de su trabajo que son de mayor importancia que los que les delegó a sus subordinados.

El temor de Ellen es más común. "Si mi subordinado hace mal esa tarea, la responsable soy yo." Todos los gerentes son responsables del trabajo de sus subordinados. Para que tenga la seguridad de que el trabajo que delegó a otros se haga correcta y puntualmente, debe seguir los pasos que se mencionan a continuación cuando piense en delegar.

Planear la tarea

Para que cualquier actividad tenga éxito se debe planear. Con demasiada frecuencia los supervisores no se toman el tiempo de preparar las tareas. Saben lo que debe hacerse y suponen que con ordenarle a un asociado que lo haga, se hará correctamente.

La planeación empieza por tener un concepto claro de lo que debe lograrse. Aunque hayamos hecho este tipo de trabajo muchas veces, es importante pensarlo a fondo otra vez. Debemos ponernos en el lugar del asociado. Si nunca antes hubiéramos visto este proyecto, ¿qué querríamos saber? Haz una lista de los objetivos que deseas alcanzar, la información necesaria para alcanzarlos, los materiales, herramientas, apoyos y cualquier otra cosa que se necesite para hacer el trabajo.

Una parte importante de la planeación es determinar a quién se le va a asignar la tarea. Al elegir a esta persona ten en cuenta la importancia de la tarea. Si es una tarea en la que es esencial que se haga con rapidez y con poca supervisión, elige a una persona que haya demostrado habilidad para este tipo de trabajo en el pasado. Sin embargo, si es un área en la que hay un tiempo adecuado para que brindemos orientación, puede ser ventajoso asignar el proyecto a una persona menos experimentada, y usarlo como un medio para capacitarla y desarrollar sus habilidades.

- Determina las capacidades de cada miembro de tu equipo para el trabajo que va a realizarse. Delegar la tarea a alguien que no tiene la capacidad de hacerla bien lo condena al fracaso. Si no tenemos a nadie que sea capaz, no tendremos más remedio que hacerlo nosotros. Si ése es el caso, nuestra máxima prioridad debe ser capacitar a alguien para que pueda manejarlo, para que la próxima vez que haga falta delegar haya una persona capaz disponible para realizar la tarea.

- Determina cuánta capacitación, orientación y supervisión puede necesitar el delegado o delegados en términos de tiempo y atención, así como qué otros recursos pueden hacer falta.

- Determina cómo impactará lo que delegues a este individuo o individuos sobre su actual carga laboral.
- Si el delegado no nos reporta directamente a nosotros el cien por ciento del tiempo (por ejemplo, cuando hay equipos para el proyecto), determina cómo manejar cualquier potencial conflicto de prioridades o problema con sus otros supervisores.
- Además de estar atentos a la tarea que realizamos, debemos tener en cuenta el aspecto humano de dirigir y liderar a la gente. Debemos usar técnicas de comprensión interpersonal para ver cómo se sienten los delegados sobre cómo van las cosas. Siempre debemos estar conscientes de su progreso y desarrollo, de darles confianza en sí mismos, inspirarlos a tener un gran desempeño y ser su entrenador para ayudarlos a maximizar su potencial. Debemos crear situaciones donde todos ganen y se beneficien de los frutos de su trabajo.

Sólo hay una manera de lograr que alguien haga algo, y es conseguir que la persona quiera hacerlo.

Dale Carnegie

Lo que se delega debe comunicarse de manera eficaz

Bárbara estaba frustrada. Le había dado a Carol una descripción detallada de lo que quería que hiciera y Carol le había asegurado que entendía. Ahora, una semana después, Carol había entregado el trabajo todo mal. Su excusa: "Pensé que eso querías".

Como muchos supervisores, cuando Carol dijo que entendía, Bárbara supuso que realmente había entendido. Para estar seguro de que un subordinado entiende una tarea, no preguntes: "Entiendes?" Es una pregunta que no significa nada. A menudo el subordinado puede creer que entiende la tarea que le asignaron, cuando en realidad no —y nos dice de buena fe que entendió—. A algunas personas puede darles vergüenza decir que no entienden, así que dicen que sí y luego tratan de descifrarlo por su cuenta. En vez de preguntar si entendieron, pregunta: "¿Qué vas a hacer?" Si la respuesta indica que no se ha entendido claramente, podemos corregir su percepción de la tarea de inmediato.

Morton estaba molesto. Su jefe acababa de ponerle una fecha de entrega que le parecía muy poco realista. "Se está pasando de la raya —pensó Morton—. Es imposible hacer esa cantidad de trabajo en tan poco tiempo. Haré lo que pueda, pero sé que no voy a acabar."

Con esta actitud es poco probable que Morton termine para la fecha de entrega. Para tener la plena cooperación de un subordinado, es importante que esa persona acepte plenamente lo que queremos. Para ganar esa aceptación, primero háblale al subordinado de la importancia del proyecto, luego haz que participe en el proceso de planeación. "Mort, este informe tiene que estar en las manos del jefe mañana a las 10 a. m. ¿A qué hora crees tenerlo?" Ahora Morton puede ver la urgencia del trabajo, y juntos pueden desarrollar un plan de trabajo realista, que puede incluir la necesidad de más apoyo o la autorización de horas extra.

Los delegadores eficaces diseñan la estrategia de comunicación para presentar la tarea a sus delegados de manera eficiente y eficaz. Esto incluye estar preparados para abordar cualquier resistencia potencial, anticiparse a las preguntas y preocupaciones, etcétera.

Dale al delegado las herramientas necesarias para hacer el trabajo

En la compañía de Martha, el tiempo de equipo especializado siempre tiene mucha demanda. Cuando le delegó un proyecto a uno de sus subalternos, olvidó apartar tiempo de este equipo. Como resultado, el proyecto entero se empantanó. Martha tenía la responsabilidad de garantizar que su subordinado tuviera todo lo necesario para hacer el trabajo. Al no cumplir con esto, condenó el proyecto al fracaso.

Otro tipo de "herramienta" que se le debe dar al subordinado es la autoridad necesaria para cumplir la misión. A Martín le ordenaron llegar a una fecha de entrega muy apretada con un proyecto. Para lograrlo, era necesario trabajar horas extra, pero a Martín no le dieron la autoridad para ordenar horas extra. Esto retrasó la terminación del proyecto y dio por resultado que no se entregara a tiempo.

Consigue un plan de acción

En cualquier tarea que ocupe una cantidad significativa de tiempo, pídele al asociado que prepare un plan de acción antes de iniciar el trabajo. Éste sólo debería incluir qué se va a hacer, para cuándo está programado y qué apoyo se puede necesitar.

Paul Cullen, fundador de Cullen Electronics, se iba a retirar después de 30 años en el trabajo. Su sucesor, Frank Ames, decidió hacer un evento de gala para celebrar sus logros y le encargó a su gerente de recursos humanos, Mark Lovett, que lo organizara.

Mark tenía que organizar el viaje de empleados, clientes y distribuidores clave de todo el país para ir a la celebración. Antes de empezar, escribió un plan de acción que cubriera todos los aspectos del trabajo, entre los que se incluían contratar el banquete, elegir el lugar, encargar el decorado, mandar invitaciones y hacer las reservaciones de avión y de hotel para los invitados de fuera. El plan incluía itinerarios con el inicio y la conclusión de cada fase y la indicación de qué apoyos necesitaban para cada una. Mark repasó esto con el señor Ames para asegurarse de que concordara con sus conceptos. Mark puso por escrito el plan de acción para que todos los involucrados en implementar el programa pudieran consultarlo en cualquier momento para ver cómo iba avanzando el plan, y si había problemas, poder detectarlos temprano.

Establece puntos de control

Incluso si delegamos la responsabilidad, como gerentes seguimos siendo responsables de garantizar que el trabajo se realice de manera correcta y puntual. Los puntos de control se ponen en lugares donde podamos verificar el progreso del trabajo, y si algo anda mal, corregirlo antes de que avance demasiado.

Los puntos de control no son inspecciones sorpresa. El asociado sabe cuándo van a ser y qué se espera en ese punto. Por ejemplo, el lunes le damos a Ted una tarea que debe terminar para el viernes. Le decimos a Ted: "Nos vemos mañana a las 4 p.m. para discutir el proyecto. Para entonces debes haber terminado las partes A y B". Si en ese momento descubrimos errores, pueden corregirse antes de que Ted siga adelante. Otra ventaja de los puntos de control es que si Ted se da cuenta a las 11 a.m. de que no va a poder terminar la parte B para el punto de control de las 4 p.m., tiene suficiente tiempo para pedir ayuda y evitar que el proyecto se retrase.

Seguimiento

Como los gerentes son responsables de las acciones de sus subordinados, un sistema de seguimiento es una herramienta gerencial imprescindible. Lograr esto sin microgestionar puede ser una cuestión delicada. Cuando los gerentes se la pasan revisando de cerca todo lo que hace su gente, esto engendra un sentimiento de desconfianza, lo cual puede destruir el ambiente de colaboración y cooperación que es esencial para el verdadero éxito.

El seguimiento debe hacerse de una manera participativa. En vez de supervisar constantemente el trabajo o de sorprender a los subordinados con revisiones inesperadas, el seguimiento debe ser parte integral del plan de acción. En vez de imponer un plan de seguimiento, el gerente y los subordinados deben desarrollar el plan juntos. Deben integrarse puntos de control a lo largo de todo el proyecto. Cuando se han concluido varias etapas del proyecto, el gerente y la gente que lo lleva a cabo se reúnen para repasar lo que se ha hecho. Se debe animar a los trabajadores a hacer una crítica constructiva del trabajo y quizá sugerir cuestiones nuevas o adicionales que deban incorporarse. Desde luego, el gerente también aporta los comentarios y sugerencias que sean apropiados.

De esta manera, el seguimiento se vuelve parte del enfoque participativo y funciona como un estímulo para el subordinado de alcanzar un éxito aún mayor al cumplir el reto que supone esa tarea.

La gente rara vez triunfa a menos que se divierta con lo que está haciendo.

DALE CARNEGIE

Delegar, no claudicar

Los gerentes deben estar disponibles para ayudar a su gente cuando sea necesario. Cuando Duncan le asignó un nuevo proyecto a Andrea, le dijo: "Estoy aquí para ayudarte. Si tienes cualquier problema, no dudes en avisarme". Andrea se tomó esto literalmente y en vez de tratar de lidiar con sus problemas se los llevaba a Duncan. Esto no sólo le quitó a Duncan una cantidad excesiva de tiempo, sino que además impidió que se desarrollaran las habilidades de Andrea.

La siguiente vez que Duncan delegó un proyecto a un miembro de su equipo volvió a señalar su disponibilidad para ayudarlo, pero agregó: "Ven a verme cuando tengas un problema, pero también trae la solución que propones". Esto los animó a pensar en la situación y llegar a sus propias conclusiones. Duncan prefiere que le pregunten: "¿Crees que esto funcione?" en vez de: "¿Qué debería hacer?"

Al terminar el trabajo

No hay una sola manera de hacer bien las cosas. Lo importante es alcanzar al final el resultado deseado de forma exitosa. Así que incluso si algo no se hace exactamente como uno lo hubiera hecho (y lo más probable es que no se haga como queremos), está perfectamente bien.

Debemos preguntarnos qué tal estuvo nuestro desempeño como gerentes que delegan. ¿Qué cosas hicimos bien y cuáles mal durante el proceso? ¿Hay algo que hubiéramos podido hacer de otra manera? ¿Qué haremos de una manera diferente en el futuro?

Analiza el desempeño del delegado. ¿Estuvo a la altura del desafío? ¿Hizo un esfuerzo o se vio rebasado por encima de sus capacidades? ¿Recibimos su retroalimentación personal de cómo le pareció que salió todo? ¿Supimos aprovechar esta oportunidad de desarrollo para brindarle al delegado elogio o reconocimiento, con recompensas en caso de ameritarlas, así como darle una crítica constructiva abierta, honesta e imparcial?

Considera las formas en que tu relación con el delegado puede haber cambiado a raíz de esta experiencia y hacia dónde irá en el futuro; cómo puedes acrecentar este progreso o reparar cualquier daño.

Por último, no olvides que en última instancia somos responsables y tenemos que rendir cuentas del resultado, cuando sea momento de informar a nuestros superiores. Como gerentes o líderes, nuestro deber es compartir el crédito y celebrar el éxito con nuestros delegados. Pero el lado malo de "llevar la corona" es que si las cosas no salen bien, la culpa caerá sólo sobre nosotros. A fin de cuentas, de eso se tratan la gerencia y el liderazgo.

Si delegamos con un enfoque sistemático lograremos más cosas, porque nuestra gente estará haciendo las tareas que son aptas para los subordinados, liberándonos para ocuparnos del trabajo más significativo. También estaremos cumpliendo una de nuestras funciones más importantes como gerentes: desarrollar las capacidades de nuestro personal. Delegar es una de las mejores maneras de darle a la gente experiencia, que es fundamental para su desarrollo.

Cómo delegarle a un equipo

Cuando una organización se estructura en equipos, el trabajo se debe delegar y asignar como una actividad en conjunto. Cuando la gente tiene cierto control sobre el trabajo que tiene que hacer, lo aborda con entusiasmo y compromiso.

Cuando el jefe nos da un proyecto complejo hay que presentarlo en su totalidad al equipo. Debemos discutir con el equipo cómo dividir el proyecto en etapas. A partir de ahí, delegar cada etapa a un miembro individual del equipo debe ser fácil. La mayoría de los miembros elegirá manejar las áreas en las que tengan más experiencia. Si dos miembros quieren la misma área, deja que se pongan de acuerdo entre ellos. Pero si la cosa se complica, intervén y resuelve el problema con diplomacia: "Gustav hizo la investigación en el proyecto pasado, así que esta vez dejemos que Liz se encargue".

Sin duda habrá etapas del proyecto que sean difíciles o desagradables. Nadie se va a ofrecer de voluntario para resolverlas. Haz que el equipo discurra un sistema equitativo para asignar esta clase de trabajo.

Como líder del equipo, asegúrate de que cada miembro esté al tanto de las responsabilidades de todos los demás, así como de la propia. De esta manera, todos saben lo que están haciendo todos los demás y qué clase de apoyo les pueden dar o pedir.

Para mantener a todos informados haz una tabla en la que aparezca cada etapa del proyecto, la persona responsable, la fecha de entrega y otros datos pertinentes. Cuelga la tabla en la oficina para que sea fácil de consultar.

Síntesis y esencia

Algunos puntos clave con respecto a delegar:

- Una vez que se han establecido los objetivos, se deben determinar los medios para alcanzarlos, y después el trabajo a realizarse y las responsabilidades que conlleva.
- La necesidad de delegar surge cuando las responsabilidades necesarias son demasiado complejas, diversas o voluminosas para ser manejadas por un individuo.
- Cuando se delega el trabajo y las responsabilidades asociadas a alguien más, uno también debe delegar el grado de autoridad necesario para llevar a cabo las tareas delegadas.
- Delegar sin empoderar acabará siempre en frustración y fracaso.

- Responsabilidad es la obligación del delegado de desempeñar las tareas requeridas. Rendición de cuentas es la obligación del delegado de producir los resultados deseados. La responsabilidad y la rendición de cuentas últimas son la obligación del gerente que delega el alcanzar con éxito los objetivos de la organización.

- Delegar lleva tiempo —planear, comunicar, monitorear, etcétera—, pero ahorrará tiempo a la larga. Delegar no pretende ser un remedio rápido (aunque a veces puede serlo), sino un enfoque estratégico a largo plazo para hacer las cosas.

- Importante: recuerda que delegar responsabilidad, autoridad y rendición de cuentas ¡no es delegar la responsabilidad última! El gerente que delega es el responsable final y quien tendrá que rendir cuentas de haber alcanzado el resultado final. Los gerentes y líderes tienen que cargar con lo bueno y lo malo.

- Por último, recuerda el dicho: "Delegar no es claudicar". Y cuando el proyecto se concluye con éxito, ¡es importante no olvidar los reconocimientos y la celebración!

CAPÍTULO 8

CÓMO INCENTIVAR LA INNOVACIÓN Y LA CREATIVIDAD

"Más, mejor, más rápido y a menor costo" parece ser el mantra que más oímos hoy en día. ¿Cómo nos mantenemos al día de los cambios y con una actitud proactiva para lidiar con el cambio?

Lo que resulta tan desafiante no es solamente el cambio. Es su velocidad. Es cada vez más rápida. Es esencial para el futuro de nuestra organización.

Distintos investigadores han estudiado los conceptos de creatividad e innovación desde múltiples perspectivas. Algunos han buscado descubrir y entender qué vuelve a una persona creativa. Otros han examinado la clase de ambiente que estimula el esfuerzo creativo y le permite florecer. Otros más se han enfocado en desarrollar productos y servicios creativos.

Desde hace siglos la gente ha estado fascinada por el proceso creativo: la serie de pasos ordenados mediante los cuales una persona o un grupo utiliza los principios del pensamiento creativo para analizar un problema o una oportunidad de una manera sistemática, imparcial, y en apariencia no convencional.

En los tiempos recientes la investigación moderna de las ciencias sociales y conductuales ha desmitificado el concepto al mostrar que incluso capacidades modestas de razonamiento, análisis y experimentación nos ayudan a lograr un entendimiento de la naturaleza de la innovación y sus muchos rostros y expresiones.

Esta percepción y entendimiento acrecentados capturan la imaginación de los gerentes que prestan atención a la calidad en todo el mundo y reconocen los enormes beneficios de desarrollar el poder creativo y la capacidad de resolver problemas de sus asociados. De hecho, las encuestas muestran que la capacidad de pensar de manera creativa —de analizar problemas y oportunidades de maneras nuevas e innovadoras— es considerada una de las habilidades más valiosas que podemos desarrollar en nosotros mismos y en la organización.

¿Por qué? Porque las ideas creativas dan por resultado nuevos descubrimientos, mejores maneras de hacer las cosas y un mejor desempeño: cuestiones de vital importancia para los hombres y mujeres de negocios que operan en los competitivos ambientes modernos.

El mecanismo de pensamiento

Puede decirse que el mecanismo de pensamiento del cerebro humano consiste de dos elementos: una parte para el pensamiento creativo desinhibido y otra para el pensamiento analítico o crítico.

El término "pensamiento de luz verde" se refiere al proceso mental más conducente a la generación de ideas. En este caso se enfatiza la cantidad —no la calidad— de las ideas.

La parte crítica de la mente analiza y evalúa las ideas que emanan de la parte creativa, desinhibida. Aquí se enfatiza la calidad de las ideas. El término "pensamiento de luz roja" suele usarse para describir este proceso. El "pensamiento de luz verde" y el "de luz roja" son dos procesos distintos, y los dos son buenos y útiles. Sólo que no se pueden aplicar al mismo tiempo. A menudo prendemos la luz roja cuando alguien presenta una idea porque estamos pensando críticamente antes de tener un concepto claro de las ramificaciones.

Esto no sólo ocurre cuando animamos a otros a tener ideas innovadoras, sino que también lo interiorizamos y somos reacios a abrir nuestra propia mente. Dado que la mayoría de nuestros procesos y sistemas educativos se han dedicado a desarrollar la función del pensamiento crítico (es decir, la capacidad de tomar decisiones, comparar y evaluar situaciones, distinguir entre correcto e incorrecto, etcétera), la mayoría de la gente no se da cuenta de los alcances de su propia creatividad. De hecho, nuestro potencial en esta área siempre está presente y es bastante sencillo desarrollarlo a un grado mucho mayor. Nunca debemos perder la confianza en nuestras propias capacidades creativas.

Mantén tu mente siempre abierta al cambio. Dale la bienvenida. Búscalo. La única manera de progresar es examinar y reexaminar tus opiniones e ideas.

DALE CARNEGIE

Todo el mundo es creativo

Todo el mundo es creativo. Por desgracia, la creatividad que fluye tan libremente cuando es nutrida se ve interrumpida en la mayoría de las personas —de la infancia en adelante— por la imposición del análisis excesivo y la conformidad por parte de las figuras de autoridad en sus vidas. Con demasiada frecuencia la creatividad se bloquea por el pensamiento de luz roja. "No sigas", "Va contra las políticas de la empresa", "Nunca lo hemos hecho así". En vez de buscar razones para no probar ideas nuevas, debemos ver las ideas nuevas con una mente abierta. Prender la luz verde. Explorar más a fondo. Expandir nuestra manera de pensar en algo más allá de lo obvio.

Gary reflexionaba sobre una idea que tuvo que podía aumentar la productividad mediante un sencillo cambio en el método. ¿Debía decírsela a su jefe? La última vez que le había dado una sugerencia, el supervisor la había desdeñado. Dijo que no iba a funcionar. Ni siquiera le dio la oportunidad de explicar. ¿Para qué molestarse ahora?

El hecho de que rechacen nuestras ideas no debe evitar que sigamos siendo creativos. Es fácil entregarse al desánimo, pero a menos que sigamos teniendo nuevas ideas atrofiaremos nuestra propia capacidad creativa. La innovación se debe pulir por el uso constante. La gente tiende a censurarse preocupándose de cómo recibirán sus ideas los demás. La autocensura es mucho peor que la crítica de quienes nos rodean, porque hace que uno se sienta inadecuado. Cometeremos errores, haremos sugerencias que no funcionan, quizá hasta seamos ridiculizados por nuestro jefe o compañeros. No dejemos que esto nos detenga. Einstein, Edison, Whitney y Watt fueron ridiculizados muchas veces. Que no paren esas ideas creativas.

Bloquear la creatividad

No todas las ideas van a funcionar siempre y algunas ni siquiera valen mucho la pena. Sin embargo, cuando por lo menos pensamos en eso y lo hablamos con otros, podemos explorar su viabilidad. Si se rechaza, entérate de las razones. No te desanimes. Muchas veces una idea, por buena que parezca, puede no funcionar para esa aplicación específica o no ser apropiada en ese momento. Eso no significa que no sea buena. Tampoco debe tomarse como una afrenta personal. Lo que rechazaron fue a la idea, no a nosotros.

Cómo desarrollar la creatividad

La mayoría de las personas en realidad no cree ser creativa. Toda la vida les han enseñado que la creatividad es una especie de talento especial que sólo poseen los artistas, los inventores y los genios. No es cierto. Los psicólogos han demostrado que el pensamiento creativo puede desarrollarse. He aquí algunas de las cosas que podemos hacer para volvernos más creativos:

Observación

Uno no tiene que soñar con nuevas ideas para ser creativo. Observar las cosas que nos rodean y aplicar lo que aprendimos en otras situaciones es igual de creativo que la innovación total.

Stan, gerente de Aceros Cooper en Las Vegas, notó que a medida que más gasolineras se volvían de autoservicio y dejaban de tener instalaciones para hacer cambios de aceite, empezaron a aparecer muchos servicios de lubricantes exprés para suplir esta necesidad. Stan usó uno de éstos para su auto y quedó satisfecho con la velocidad y la calidad del trabajo.

Durante años, Aceros Cooper había enviado sus camiones al servicio mecánico de su concesionaria para los cambios de aceite periódicos. El encargo requería mandar a dos personas (la segunda en su auto, para traer al chofer del camión de regreso al negocio), dejar el camión todo el día en el taller, y regresar por él en la tarde, de nuevo usando el tiempo de dos empleados.

"¿Por qué no usar un servicio de lubricantes exprés para nuestros camiones?", pensó Stan. El resultado: al mandar al servicio exprés a un solo chofer, que tenía que esperar sólo treinta minutos a que le hicieran el servicio a la unidad, Stan le ahorró a su compañía unos 1 600 dólares al mes entre costos de servicio y tiempo perdido. Además, podían seguir usando el camión casi todo el día.

Modificación

¿Podemos modificar un producto o concepto existente para hacer algo diferente? Los fundadores de Think Big (Piensa en grande) modificaron productos estándar haciendo versiones más grandes. Sus réplicas gigantes de productos populares, que iban desde lápices y libretas para recados hasta animales y muebles, crearon un nuevo mercado en publicidad, decoración y ornamentos.

El crecimiento de nuestra industria de cómputo y electrónica está basado en la modificación mediante la miniaturización de los sistemas y componentes electrónicos en microchips.

Sustitución

A Darlene, gerente de personal de Envíos Masivos, le estaba costando mucho trabajo retener al personal en un trabajo muy aburrido y rutinario: meter folletos y muestras en sobres. La naturaleza del trabajo era tal que no podía realizarse con el equipo automatizado que usaban por lo común. Esta rotación no sólo tenía un elevado costo, sino que además nunca podía estar segura de que fuera a llegar alguien a hacer el trabajo. Razonó que si a la gente supuestamente "normal" este trabajo le parecía tan aburrido, quizá no se lo parecería a personas con discapacidad mental. Al ocupar esos puestos con estos empleados "de lento aprendizaje", Darlene logró contratar trabajadores que no se aburren con el trabajo y que se han convertido en empleados constantes y valiosos.

Eliminación

Gil estaba furioso. Su compañía acababa de agregar otro formulario más que tenían que llenar los vendedores. ¿Cómo podía salir a hacer ventas con tanto papeleo? Cuando se quejó con su gerente de ventas, ella se encogió de hombros y le dijo que era información que necesitaban "en el piso de arriba". Gil tomó todos los formularios que tenía que llenar, los puso uno al lado de otro y analizó qué información pedían. Era evidente que había muchos datos duplicados. En vez de rezongar, Gil diseñó un nuevo formulario que le daría toda la información necesaria a la gerencia y era fácil de llenar. Esto no sólo facilitó el trabajo del personal de ventas, sino que le ahorró a la compañía tiempo y dinero considerables. Un beneficio adicional: hizo que la compañía iniciara una revisión sistemática de todos sus formularios, lo que llevó a la eliminación de muchos reportes obsoletos e innecesarios.

Sólo hay unas cuantas maneras de estimular nuestras energías creativas. Al desplegar nuestra imaginación, expandir nuestros horizontes, romper con el enfoque tradicional de los problemas, podemos volvernos más ingeniosos, resolver problemas difíciles, e iniciar e implementar conceptos nuevos y emocionantes. Esto no sólo será de beneficio para la compañía, sino que además nos dará la gran satisfacción de haber logrado algo cuando veamos nuestras ideas implementadas con éxito.

Por lo general, la persona que llega más lejos es la que está
dispuesta a hacer las cosas y arriesgarse. La lancha que va
a la segura nunca se aleja mucho de la costa.

DALE CARNEGIE

Creatividad grupal

La mayoría de la gente se imagina a la persona creativa trabajando sola y generando ideas o inventos como Bill Gates y Steve Jobs. En realidad muchos conceptos creativos provienen de grupos de gente que trabaja junta. La interacción y el intercambio de ideas estimulan la creatividad.

El viejo refrán "Dos cabezas piensan más que una", y su amplificación, que muchas cabezas piensan más que unas cuantas, ha demostrado ser cierto una y otra vez. El esfuerzo grupal en comités y conferencias ha ayudado a solucionar muchos problemas.

Un enfoque que se ha usado con éxito es la *lluvia de ideas*. La lluvia de ideas es una técnica para obtener todas las ideas posibles sobre un tema. La diferencia entre una junta normal y una de lluvia de ideas es que el objetivo es simplemente generar ideas —pensamiento de luz verde—. Para obtener el máximo beneficio de una sesión de lluvia de ideas, el pensamiento de luz roja está prohibido. Los participantes no pueden criticar, analizar, rechazar ni aceptar ninguna sugerencia de ningún participante por muy ridícula, inservible o brillante que pueda parecer.

El principio psicológico detrás de la lluvia de ideas se llama detonante. Una idea puede detonar otra idea en la mente de quien la escucha. Una idea tonta de una persona puede llevar a una buena idea de otra. Al permitirles a los participantes pensar con libertad y no preocuparse por cómo será recibida la idea, la lluvia de ideas los libera del esfuerzo mental, y allana el camino para una idea que pueda ser valiosa.

En una típica lluvia de ideas el grupo aborda un solo tema, anunciado por anticipado. Una vez que el moderador presenta el asunto, da un paso atrás y se vuelve un miembro más del grupo. Una persona apunta las ideas en un rotafolio. Las ideas se expresan en voz alta y se registran. No se hace ningún comentario a favor ni en contra. Se anima a los participantes a dar rienda suelta a sus ideas: entre más descabelladas, mejor. El éxito se mide por el número de ideas generadas. Se anima a los participantes a elaborar sobre las ideas presentadas por otros. Después de la sesión un comité revisa, investiga y analiza las ideas. Sólo entonces empieza el pensamiento de luz roja.

La lluvia de ideas no es apta para todo tipo de problemas, pero puede ser útil en muchas situaciones. Funciona mejor para resolver problemas específicos, más que para definir metas a largo plazo o políticas generales. Algunos ejemplos de lluvias de ideas exitosas son ponerle nombre a un producto nuevo, abrir nuevos canales de distribución, volver un trabajo menos aburrido y desarrollar enfoques no tradicionales para comercializar un producto o servicio.

Ábrete a todas las ideas

"Nuestra compañía es diferente." ¿Cuántas veces hemos oído esta frase? Muchas compañías sienten que son únicas y que a menos que una idea, un proceso o un programa sea creado por ellos, no va a funcionar para sus necesidades. Desde luego, cada compañía tiene su propia cultura e individualidad, pero podemos aprender mucho de otras compañías, incluso de aquellas cuyo negocio es considerablemente distinto al nuestro.

Sal del estancamiento

Cuando la gente lleva mucho tiempo trabajando junta tiende a pensar igual. Las ideas que uno presenta pueden ser aceptadas por todos sin un análisis crítico puesto que todos los miembros del equipo ven las cosas de la misma manera. Alfred Sloan, uno de los fundadores de General Motors, reconoció esto. La compañía estaba a punto de iniciar un proyecto enorme. Todos los miembros del grupo involucrado, incluido el propio Sloan, sentían que era una buena idea. Sin embargo, esto puso nervioso a Sloan. Le dijo a su grupo que debían pensarlo más tiempo y revisar qué problemas habían tenido otras compañías con proyectos similares. Pospuso la propuesta varios meses. Cuando se volvieron a reunir para tratar el tema hablaron de muchos problemas que antes habían pasado por alto, y lo que hubiera podido establecerse sin sentido crítico hacía unos cuantos meses ahora se mandó de vuelta a la mesa de trabajo para reconsiderarlo y refinarlo seriamente.

Comparadores (*Benchmarking*)

Uno de los principios básicos del concepto de la Gestión de Calidad Total es que las compañías exitosas no tienen miedo de buscar ideas en otras organizaciones que puedan ayudarles a cumplir sus metas. De hecho, uno de los requisitos de los premios Malcolm Baldrige —el reconocimiento más alto que otorga el gobierno de Estados Unidos a la excelencia empresarial— es que los participantes compartan los métodos y técnicas usados para merecer el premio con todas las partes interesadas. Esto se llama *benchmarking* o establecer comparadores.

Competidores directos

Uno podría preguntar por qué una compañía exitosa querría compartir los motivos de su éxito con la competencia. Es cierto que muchas organizaciones no comparten sus secretos industriales o comerciales, pero gran parte de lo que lleva a tener alta calidad no es tanto un "secreto", sino un proceso que nos beneficia a todos.

José tiene un pequeño negocio de reparación de electrodomésticos en Gainesville, Florida. No le va tan bien como cree que podría irle. A José le gustaría pedirle consejo a Carlos, uno de sus competidores exitosos, pero sabe que probablemente se reiría de él. ¿Por qué habría de ayudar Carlos a una persona que podría quitarle clientes? Pero José no se limita a sus competidores directos. Lee en una publicación del ramo que una pequeña compañía en Pell City, Alabama, superó muchos de los mismos problemas que él enfrenta. Ellos no son su competencia y es mucho más probable que estén dispuestos a compartir algunas de sus ideas con José. Esto se puede lograr con una llamada telefónica, o mejor aún, una visita en persona a la compañía.

Mira a otras industrias

Tu industria no es única. Otros negocios muy diferentes pueden haber enfrentado problemas similares a los que ustedes tienen, y haberlos solucionado. Pueden estar muy dispuestos a ayudarles.

Uno de los servicios de transporte para llevar a la gente de los suburbios de Nueva York a los aeropuertos estaba saturado de quejas. Los clientes que llamaban para que pasaran por ellos tenían que esperar hasta nueve o diez timbrazos antes de que contestaran el teléfono para luego dejarlos en espera varios minutos más. Finalmente, cuando podían hablar con un operador, tenían que responder una variedad de preguntas sobre dónde pasarían por ellos aunque hubieran usado este servicio una y otra vez.

El dueño pidió ayuda a varios servicios de transportes en otras ciudades, pero todos tenían el mismo problema y no lo habían resuelto. Y en la mayoría de los lugares eran el medio más económico de transporte, así que sentían que sus precios bajos justificaban la espera.

Uno de los empleados de la compañía le dijo a su jefe: "Antes me pasaba lo mismo cuando ordenaba mercancía de

L. L. Bean —la famosa firma de venta por catálogo de ropa y equipo para campismo—. Tenía que esperar a que me atendieran, luego me preguntaban mi dirección, tarjeta de crédito, tallas, etcétera, cada vez. Ahora cuando llamo lo tienen todo en una computadora. Contestan el teléfono de inmediato y en cuanto les doy mi nombre y número telefónico lo único que necesitan saber es qué quiero ordenar. Termino la llamada en pocos minutos".

El dueño hizo una cita para hablar con un ejecutivo de L. L. Bean, que con mucho gusto le dio la información sobre el programa de cómputo que estaban usando. A los pocos meses había instalado un programa similar que solucionó la mayoría de los problemas que enfrentaban.

Varios años después leyó sobre un sistema mejorado y actualizó su programa para que en cuanto el identificador de llamadas reconociera el número la computadora automáticamente abriera el archivo de ese cliente y desplegara toda la información necesaria al instante.

Anima a los empleados a buscar comparadores

Aprender de otras compañías no se limita a los ejecutivos. Se debe animar a los individuos a incrementar sus habilidades buscando a otras personas en su área de especialidad.

Melissa, una analista de investigación de mercado, tenía la costumbre de asistir a las reuniones de la rama local de la American Marketing Association. En una de las reuniones se sentó en la misma mesa que Ángela, que estaba trabajando en un proyecto de mercadotecnia que requería el uso de algunas técnicas nuevas que Melissa no conocía. Ángela la invitó a visitarla en su oficina para ver el sistema. Melissa le sugirió a su jefe que la dejara pasar un tiempo en las instalaciones de Ángela para estudiar lo que estaban haciendo. Esto dio por resultado que Melissa aprendiera un nuevo enfoque en su trabajo que le permitió ser más eficaz en su compañía.

Hay cierta satisfacción especial en resolver los propios problemas que no debe desanimarse. Sin embargo, no somos los únicos del mundo que han enfrentado estos problemas. Al investigar qué han hecho otros y buscar ayuda de compañías y personas exitosas, pueden ahorrarse mucho tiempo y esfuerzo, y pueden encontrarse soluciones que nos mantengan a nosotros y a nuestra compañía a la vanguardia de nuestro campo.

Arriésgate

Cuando Alex era niño en Chicago, él y sus amigos eran muy fanáticos de los Cachorros. Se ponían felices cuando su equipo ganaba y tristes cuando perdía. Alex resentía las derrotas más que sus amigos. Cuando perdían los Cachorros se deprimía profundamente. Después de una temporada especialmente mala Alex pensó: "No vale la pena. Nunca me vuelvo a involucrar con un equipo al grado de sentirme tan mal". A partir de ese momento se negó a comprometerse con los Cachorros o con cualquier equipo en cualquier deporte.

Alex llevó este concepto a todos los aspectos de su vida. Su filosofía era: "Si no me involucro demasiado, nunca me podrán lastimar". En la escuela y en sus trabajos siempre tomó el camino de en medio. En efecto, Alex nunca salió lastimado, pero tampoco experimentó verdaderas alegrías. Al evitar el riesgo de que algo o alguien que le importaba no funcionara, evitó "la agonía de la derrota", pero nunca experimentó "la emoción del triunfo".

No le temas al compromiso

Teresa estaba muy emocionada. Después de pensarlo mucho, se le ocurrió una idea que sentía que iba a resolver un importante problema que enfrentaba en el trabajo. Cuando se la presentó a su jefe, él se burló. "Eso nunca va a funcionar. Tienes que repensarlo." Hay gente que acepta ese tipo de rechazo, pero Teresa estaba tan segura de que iba a funcionar que siguió puliendo la idea y con el tiempo convenció a su jefe de que era factible.

Los inventores e innovadores siempre se han enfrentado al ridículo. A Jonas Salk le dijeron una y otra vez que estaba equivocado en su búsqueda de la vacuna contra la polio. Edison ya lo había intentado y fracasado cientos de veces antes de inventar el foco. Los inventores exitosos deben estar dispuestos y ser capaces de superar las numerosas dudas y decepciones de un fracaso tras otro antes de alcanzar sus metas.

No temas estar en desacuerdo

La mayoría de la gente se siente incómoda cuando está en la minoría opuesta a la manera en que el resto del grupo quiere abordar un problema. Siente que al estar en desacuerdo los otros la pueden menospreciar. Para ir a la segura, lo más fácil es seguirles la corriente y guardarse su opinión. Pero si estamos seguros de que el grupo puede estar pasando por alto un aspecto importante del problema, es importante arriesgarnos al rechazo y hacer un esfuerzo por presentar y demostrar lo que creemos.

Correr riesgos no significa que uno deba ser temerario. La gente razonable corre riesgos razonables, pero por definición, al arriesgarse existe la posibilidad de fracasar. Los hombres de negocios exitosos corren riesgos con cada decisión que toman. Sin embargo, maximizan sus probabilidades de éxito mediante una cuidadosa investigación y análisis antes de tomar la decisión. Pero cuando finalmente se tiene que tomar esa resolución, el gerente debe estar dispuesto a arriesgarse a la posible pérdida de dinero, tiempo, energía y emoción. Si no se corren riesgos, no hay ninguna posibilidad de ganar.

Los campeones corren riesgos

Es el final de la novena entrada. Los Blue Jays les ganan a los Yankees 2 a 1. Los primeros dos bateadores se ponchan. Dave Winfield, el bateador estrella de los Yankees, pasa al plato. La bola viene por en medio. ¡Zas!, la saca de hit. Winfield corre a primera, llega fácilmente. ¿Debe intentar un doble? En microsegundos, Dave tiene que decidir si jugar a la segura o arriesgarse a sacar el extrabase, que lo pondría en posición de anotar. Si falla, se acabó el juego, pero si se arriesga aumenta las probabilidades de convertir esa derrota en triunfo.

Winfield es alguien que corre riesgos, y si tiene una probabilidad aunque sea ligeramente favorable de lograrlo, tratará de sacar el extrabase.

Los campeones en la vida así como en los deportes corren riesgos. Por eso son campeones.

¿Qué es lo peor que puede pasar?

En su libro *Cómo suprimir las preocupaciones y disfrutar de la vida*, Dale Carnegie aconseja, al enfrentar un problema: "Pregúntate a ti mismo: ¿Qué es lo peor que puede suceder? Prepárate para aceptar lo peor. Trata de mejorar la situación partiendo de lo peor".

Por ejemplo, Gil no había logrado hacer una cita con Allen, el gerente de compras de un cliente prospecto. Lo había llamado por teléfono, le había escrito y hasta se había "sentado afuera de su casa"... sin éxito. Sus colegas le aconsejaron olvidarse de Allen y usar sus energías y tiempo en desarrollar otros prospectos. Pero Gil era terco. Tenía que haber una manera de llamar la atención de Allen. Se enteró de que Allen iba a dar una plática en un taller de la industria. "Si asisto al taller —pensó Gil— podré acercarme a él después de su plática, hacerle algunas preguntas y luego identificarme, para que por lo menos sepa quién soy."

Sus gerentes de ventas y compañeros de trabajo trataron de desanimarlo. "Se va a poner tan furioso que nunca va a volver a hablar con nadie de la compañía."

Gil respondió aplicando los principios de Carnegie. "¿Qué es lo peor que puede suceder? Que no va a querer hacer negocios con nosotros. Eso no es tan grave porque ahora tampoco hace negocios con nosotros, así que no tenemos nada que perder."

"Prepárate para aceptar lo peor: Si no logro causarle una buena impresión al conocerlo, abandonaré la cuenta." "Trata de mejorar la situación partiendo de lo peor: Al planear cuidadosamente mis preguntas puedo demostrar que conozco su negocio a fondo y quizá con esto logre superar su reticencia a verme." Al arriesgarse, Gil llegó a un prospecto "inalcanzable" y abrió una cuenta muy redituable para su compañía.

Desarrolla el éxito a partir del fracaso. El desánimo y el fracaso son dos de los peldaños más seguros hacia el éxito. Estúdialos y saca provecho de ellos. Mira hacia atrás. ¿No puedes ver dónde te han ayudado tus fracasos?

DALE CARNEGIE

Ser creativos requiere que nos arriesguemos al fracaso

Todos hemos fracasado en muchas de las cosas que intentamos a lo largo de la vida, pero aprendemos de nuestros errores y usamos lo que aprendemos para superarlos. La primera vez que intentamos algo nuevo es probable que no tengamos éxito. Cuando la pequeña Tricia trató de armar su primer rompecabezas, lloró de frustración. Pero con paciencia y un poco de orientación de su madre empezó a identificar colores y texturas, y en poco tiempo sus fracasos se convirtieron en éxitos.

Incluso cuando tenemos experiencia y sabemos hacer el trabajo, no siempre podemos tener éxito. Habrá ocasiones en que fracasemos, pero no debemos dejar que nos rebase el concepto del fracaso. Aprendemos de nuestros errores y aplicamos lo que aprendemos a superar nuestros fracasos.

Todos debemos correr riesgos si queremos progresar en nuestro trabajo y en nuestra vida. Mediante un análisis cuidadoso podemos minimizar las probabilidades de fracasar, pero nunca podemos eliminarlas. El que no arriesga no gana. Si siempre jugamos a la segura, quizá evitemos ese dolor, pero nunca conoceremos la gran alegría y satisfacción que provoca el superar los obstáculos y alcanzar nuestras metas.

Síntesis y esencia

- La capacidad de pensar creativamente —de analizar problemas y oportunidades de maneras nuevas e innovadoras— es considerada una de las habilidades más valiosas que podemos desarrollar en nosotros mismos y en nuestra organización.
- Al buscar soluciones, primero usa el pensamiento de "luz verde" para desarrollar nuevos conceptos, ideas

o enfoques. Luego enciende la "luz roja" para analizar y evaluar.

- Algunas de las cosas que podemos hacer para volvernos más creativos son:
  - Observar y aplicar lo que aprendimos en una situación para resolver otro problema distinto.
  - Modificar un producto y concepto existente para adaptarlo a nuevas situaciones.
  - Sustituir los enfoques tradicionales poco eficientes con nuevos métodos.
  - Evaluar los sistemas y procedimientos, y eliminar las duplicaciones y redundancias.
  - Usa una lluvia de ideas para obtener una plétora de ideas mediante la participación grupal.
  - Mediante el uso de comparativos (*benchmarking*) podemos aprender cómo han hecho otras organizaciones para lidiar con problemas similares a los nuestros.
  - No tengas miedo de correr riesgos razonables al enfrentarte a situaciones difíciles.

CAPÍTULO 9

CÓMO LIDIAR CON PROBLEMAS
DE LIDERAZGO

Cuando nos ascienden o nos asignan un puesto de liderazgo no recibimos de manera automática las habilidades y técnicas que nos harán ser buenos líderes. Debemos adquirirlas. Esto empieza por ganarse el respeto de los asociados.

Sé bueno en lo que haces

La gente respeta el profesionalismo. Esto no significa que debamos ser capaces de hacer el trabajo de cada uno de nuestros asociados mejor que ellos. De hecho, entre más asciende uno en el escalafón se vuelve menos probable que sepa hacer muchos de los trabajos que realiza su personal. El presidente de una compañía difícilmente sabrá operar todos los equipos o programar las computadoras que se usan en su organización. Incluso en los niveles gerenciales más bajos es probable que se nos pida que supervisemos a gente que realiza trabajos muy diferentes al nuestro. Pero si hacemos lo que sea que hagamos de una manera profesional, nuestra gente nos tendrá respeto.

Trata a la gente de manera justa

Si no tratamos a nuestra gente de manera equitativa no sólo no llegará a respetarnos, sino que estaremos exacerbando resentimientos. Esto no significa que todo mundo deba manejarse de la misma manera. Cada quien es diferente y los buenos líderes aprenden estas diferencias y ajustan su manera de tratar a cada persona de acuerdo con sus diferencias.

> *Una manera infalible de ganar un amigo e influir sobre la opinión de otro es tomar en cuenta sus opiniones, dejar que mantenga su sentimiento de importancia.*

DALE CARNEGIE

Defiende a tu gente

Si nuestro departamento está teniendo una disputa con otro, debemos defender a nuestra gente, aunque no siempre sea lo más conveniente políticamente. Carey hizo todo lo posible por terminar el trabajo que su colega Stan necesitaba para un proyecto. Debido a problemas técnicos con el software nuevo, su gente no pudo cumplir la fecha de entrega. Stan entró furioso a su oficina.

—¿Pero qué se han creído? Mi equipo no puede iniciar con su parte del proyecto hasta que ustedes nos den todos los datos. Y no me salgan con el pretexto barato de que es por culpa de la computadora.

Carey no quería antagonizar con su colega, pero sabía que su equipo había hecho todo lo posible por reunir los datos y que de verdad estaban teniendo problemas con las computadoras. Le respondió:

—Stan, estamos tan ansiosos como tú por acabar de reunir los datos, pero el problema con las computadoras es real, no un pretexto. Ya vinieron los técnicos a arreglar el problema y hoy estaremos en línea.

Dale a la gente el crédito que su trabajo merece

Elogia los logros. Haz que la gente sepa que su trabajo es valorado. Por otro lado, una de las cosas más devastadoras que puede hacer un supervisor es robarse el crédito de algo que hizo alguien de su equipo.

Escucha a tus asociados

A menos que uno escuche, no se puede mantener una relación continua con los demás. Sin embargo, escuchar es más que quedarnos ahí parados o sentados con los oídos abiertos. Debemos ser oyentes activos. Los oyentes activos hacen preguntas sobre lo que se acaba de decir. Parafrasean, "Entonces, a mi manera de ver…" Cuando la gente se da cuenta de que realmente la escuchamos, sabe que la respetamos y eso a su vez la lleva a respetarnos más.

Apoya a tu personal

Como vimos en el capítulo 6, dales las herramientas y enséñales las técnicas que les permitirán tener éxito en su trabajo. Tómate el tiempo —aunque implique trabajar horas extra o posponer otro proyecto— para orientar a la gente cuando lo necesite, para aconsejarla cuando tenga problemas y para asegurarle que es parte integral de tu equipo.

Errores de liderazgo que se deben evitar

Ser supervisor nunca es fácil y es especialmente difícil la primera vez que uno es ascendido a un puesto gerencial. Veamos algunos de los errores más comunes que los supervisores suelen cometer.

Arrancar con el pie izquierdo

Los primeros pasos que demos en nuestro nuevo puesto definirán el ambiente en el departamento durante los siguientes meses. Si nos ascendieron del mismo grupo de trabajo, hay una buena probabilidad de que otras personas del departamento también estuvieran compitiendo por el puesto. Si queremos tener éxito, es esencial que obtengamos su cooperación. Para minimizar su descontento, lo mejor es que *no* seamos nosotros los que anunciemos nuestro ascenso. Esto lo debe hacer la persona que tomó la decisión: el jefe. Debe sentarse con los candidatos que no tuvieron éxito y decirles algo así:

"Tom, como sabes, eres una de las tres personas que consideré para el ascenso. Los tres están altamente cualificados, pero sólo había una vacante y tuve que elegir. Fue una decisión difícil. Escogí a Susan para el puesto. Esto para nada habla mal de tu trabajo, pero como Susan tiene un conocimiento considerable de los equipos nuevos, pensé que podía hacer que el departamento se vuelva más productivo en menos tiempo. Estamos creciendo y surgirán nuevas oportunidades para las que desde luego te vamos a considerar. Te agradecería que le brindes a Susan toda la ayuda que puedas para que este departamento sea tan bueno como sabemos que puede llegar a ser."

Cuando Susan empiece, no debe convocar a una junta y decir: "Soy la nueva jefa de este departamento y de ahora en adelante las cosas se van a hacer a mi manera". Ésa no es la manera de ganar amigos e influir en los empleados. En vez de convocar a una junta, habla de manera individual con cada una de las personas del departamento. Comparte algunas de tus ideas. Anímalos a compartir algunas de las suyas. Pide su cooperación. "No puedo hacerlo yo sola. Es un esfuerzo de equipo. Necesito tu ayuda."

Como nuevo supervisor, quizá estés deseoso de hacer cambios inmediatos y radicales en la manera en que se llevan a cabo las cosas en el departamento. ¡No lo hagas! Los cambios se deben hacer por evolución, no revolución.

Ser demasiado amigable con los subordinados

¿Qué tan amigable debe ser un supervisor con sus subordinados? Ser demasiado amigables a menudo puede interferir con el control necesario que debemos tener, mientras que ser demasiado distantes puede provocar resentimiento y falta de cooperación.

Encontrar el camino de en medio no es fácil.

Antes de que a Bárbara la ascendieran a supervisora de la sección de captura de datos era amiga de tres de las diez mujeres que ahora supervisa. Ahora es su jefa. ¿Debe continuar con esa relación? Estas mujeres le caían bien y no quería perder su amistad. Sin embargo, las otras empleadas del departamento se pusieron celosas, y aunque Bárbara hizo todo lo posible por no dar ninguna indicación de favoritismo, sus acciones a menudo se interpretaban de manera negativa.

Alterada por esto, Bárbara le pidió consejo a un gerente con experiencia. "Probablemente una de las cosas más tristes que he tenido que hacer en mi carrera —dijo el gerente— ha sido romper lazos personales que tenía con colegas a medida que fui subiendo en el escalafón, pero era necesario. No lo hagas de pronto, sino de manera gradual. Poco a poco ve eliminando la socialización después del trabajo y las comidas juntas. Empieza a comer con otros supervisores. En un principio esto puede lastimar a tus antiguas amigas y no te sentirás feliz, pero a menos que lo hagas, no podrás manejar tu departamento de manera eficiente y tus probabilidades de avanzar en esta compañía se reducirán."

No conocer ni usar los talentos de la gente

Claudia y Dave eran personas muy creativas. Tenían muchas buenas ideas que hubieran podido facilitarle el trabajo a todo el departamento. Pero su supervisora, Carla, insistía en que todo se hiciera "como lo hemos hecho siempre".

Cuando el jefe de Carla le llamó la atención por el bajo nivel de producción de su departamento, ella respondió airada: "No es mi culpa. A mi gente simplemente no le importa su trabajo". Si hubiera utilizado los talentos de Claudia, Dave y algunos de sus asociados, sus contribuciones no sólo habrían mejorado los resultados de su área, sino que a su gente "sí le importaría" su trabajo, lo cual redundaría en resultados aún mejores.

Cómo lidiar con la negatividad

En la mayoría de las organizaciones hay gente que piensa de manera negativa. Siempre encuentran alguna razón para oponerse a las nuevas ideas y discutir con los demás por todo. Veamos algunos de los problemas que causa la gente negativa:

- Resistencia al cambio. Incluso la gente con actitud positiva es reacia al cambio. Es cómodo seguir haciendo las cosas como siempre las hemos hecho. A la gente positiva se le puede convencer de cambiar al presentarle argumentos lógicos. La gente negativa se resiste al cambio sólo por resistirse. No hay argumento que valga. Incluso son capaces de sabotear una situación sólo para poder decir: "Te lo dije".

- El impacto sobre la moral del equipo. Así como una manzana podrida puede echar a perder toda la canasta, una persona negativa puede destruir la moral de todo el equipo.

Controla tus emociones

Es fácil impacientarse con la gente negativa. Sin embargo, no hace falta tomárselo a título personal ni reaccionar de modo emocional. En vez de pensar: "Ya empezó con sus mañas de siempre. No voy a dejar que me mangonee", debemos aprender a pensar: "Está manifestando sus sentimientos de rechazo a la autoridad. No tiene nada que ver con el problema ni conmigo". Al no tomarlo como una ofensa personal, podemos manejarlo de una manera lógica, y no emocional.

Establece directrices que se entiendan con claridad

Al lidiar con gente negativa, en vez de dar instrucciones específicas, cuando sea posible haz que los asociados participen en determinar cómo debe realizarse una tarea y las fechas de entrega. Dales estándares de desempeño inequívocos que deban cumplirse, pero deja que ellos decidan qué deben hacer para concluirlos. Poner la situación en sus manos minimiza los pleitos por detalles y cuestiones menores. La gente negativa seguirá encontrando cosas que objetar, pero, al darles más control sobre su trabajo, eliminamos la necesidad de que nos discutan por cada punto.

Escucha lo que no dicen

La gente negativa no tendrá reparos en decirnos lo que piensa. Sin embargo, es posible que no digan el verdadero problema. Una diatriba sobre un maltrato percibido puede ser un subterfugio para ocultar el temor de no caernos bien. A menudo, la negatividad es un grito de auxilio. Si filtramos de sus quejas las áreas que no se mencionan, podemos descubrir la verdadera razón de la actitud negativa.

Al responder a estas situaciones, determina qué puede decirse o hacerse en ese momento para responder tanto a la situación real como al agravio percibido. Una respuesta libre de tendencias y de juicios animará al asociado a revelar más capas de emoción hasta sentirse comprendido. Una vez que esto suceda, es más probable que la persona coopere.

Si percibimos que el empleado tiene miedo de no caernos bien, después de haber abordado el problema inmediato, haz un comentario sobre algunas de las cosas buenas que esta persona ha hecho y dale la seguridad de que cuenta con tu aprecio y respeto.

Esfuérzate en construir una relación positiva

La gente negativa necesita reafirmación constante. Al hacer un esfuerzo deliberado por construir una sólida relación positiva con ellos quizá no cambiemos su personalidad, pero sí podemos influir su conducta.

Habla con ellos. Aprende lo más posible de sus intereses, sus metas, sus verdaderas vidas. Averigua qué es lo que esperan obtener de este trabajo y que ahora no tienen. De ser posible, ofrece capacitación, apoyo y entrenamiento para ayudarlos a superar sus problemas y alcanzar sus metas.

No hace falta que te vuelvas su amigo, pero es importante que no seas su enemigo. Tómate el tiempo para explicar tus decisiones. Pide sus ideas y participación. Charla con ellos de manera informal de asuntos ajenos al trabajo para que te vean como un ser humano completo, no sólo un jefe o un representante de la gerencia.

Al tomarnos el tiempo para aprender sobre nuestros empleados negativos y al cambiar nuestra manera de pensar en ellos —y no verlos como empleados problema sino como seres humanos con problemas— descubriremos que empieza a desarrollarse una relación más llevadera y productiva.

Cómo imponer disciplina

Una de las tareas más desagradables de los gerentes es disciplinar a los asociados. Cuando oímos la palabra *disciplina* ¿cuál es el primer sinónimo que nos viene a la mente? La mayoría de la gente dice "castigo". Siempre hemos visto la disciplina como un medio para castigar a los empleados por romper las reglas de la compañía o no cumplir los estándares de producción.

> *Sólo hay una manera de lograr que alguien haga algo,*
> *y es conseguir que la persona quiera hacerlo.*

> DALE CARNEGIE

El sistema de disciplina tradicional empieza con un llamado de atención, y si eso no funciona, castigos más serios que van desde reportes formales por escrito, periodos de prueba, la suspensión y, finalmente, el despido. Se basa en el concepto de que el empleado debe pagar por su crimen. Esta actitud es contraproducente. El castigo puede tomarse con resentimiento y hostilidad. Un nuevo enfoque, la disciplina afirmativa, ha tenido éxito en numerosas organizaciones que lo han probado. Se logra mediante una serie de reafirmaciones del compromiso más que con el uso de castigos.

He aquí cómo funciona:

- **Comunicación:** En el proceso de orientación se imparte al empleado pleno conocimiento de las reglas y políticas de la empresa. Se le pide que acepte y se comprometa con esta política.
- **Refuerzo:** Después de los primeros meses en el trabajo, el empleado se reúne con su supervisor, que vuelve a exponer las reglas y políticas, y el empleado renueva su compromiso.
- **Infracción:** Si ocurre la infracción de una regla, el supervisor iniciará una junta con el empleado y repasará el acuerdo de esa persona de comprometerse a seguir las políticas de la empresa. Al empleado se le pide que le garantice al supervisor que comprende tanto el reglamento como la naturaleza de sus obligaciones. Esto se confirma en un memorándum que firman tanto el empleado como el supervisor.
- **Segunda infracción:** Si el empleado incumple su compromiso y repite la infracción, se tiene una segunda junta, y se refuerza el compromiso.
- **Junta final:** Si el empleado rompe una regla menor por tercera vez en cierto periodo de tiempo o una regla importante por primera vez, el supervisor le pregunta si realmente quiere seguir trabajando en la compañía. Si el empleado dice que sí, firma un documento en el que afirma que está consciente de la infracción y que de ahora en adelante se compromete a cumplir su compromiso.
- **Despido:** Si el compromiso no se cumple, el empleado es despedido. Las compañías que usan este enfo-

que reportan que es una manera efectiva de mantener altos estándares de conducta y la moral de los empleados.

Síntesis y esencia

Cualidades de los gerentes sobresalientes

Aunque las fortalezas y capacidades individuales puedan variar, los estudios indican que los gerentes sobresalientes ven el mundo de manera similar. Las siguientes son las cualidades más comunes en los gerentes y líderes sobresalientes:

1) Tienen valores fuertes y altos estándares éticos.
2) Lideran con el ejemplo y actúan con integridad tanto en su vida profesional como privada.
3) Conocen a fondo las metas corporativas y departamentales, y se mantienen al tanto de los cambios.
4) Desarrollan una visión del futuro y son proactivos y emprendedores para alcanzar resultados.
5) Son fuertes comunicadores y excepcionalmente buenos para escuchar.
6) Se ganan la confianza, la credibilidad y el respeto.
7) Son flexibles bajo presión y mantienen sus emociones bajo control.
8) Tienen la actitud de que ambas partes están bien. Invitan el desacuerdo constructivo y están abiertos al cambio y a nuevas ideas.
9) Simplifican ideas, conceptos y procesos.
10) Nutren el concepto de equipo y respetan la diversidad.
11) Se toman el tiempo para llegar a saber qué motiva a los miembros individuales del equipo y disfrutan de motivarlos y ayudarlos a tener éxito.

12) Reconocen y maximizan las fortalezas de otros.
13) Exigen de sí mismos y de los demás rendir cuentas de los resultados.
14) Son eficientes y administran su tiempo de manera eficaz.
15) Son creativos e innovadores.
16) Demuestran excelente criterio al resolver problemas, tomar decisiones y solucionar conflictos.
17) Están comprometidos con el aprendizaje y la mejoría constantes.
18) Ven la disciplina como un proceso de aprendizaje más que de castigo.

Diez errores comunes que cometen los gerentes

1) Valerse de su puesto para ser respetados.
2) Contradecirse o no cumplir su palabra.
3) Tomarse personalmente las cuestiones de trabajo.
4) Tratar a todos los empleados por igual, en vez de entender las diferentes cualidades y motivaciones de cada individuo.
5) Fijar metas sin entender en su totalidad los objetivos y estrategias corporativos.
6) No planear y priorizar las metas del departamento o de la compañía.
7) No comunicar los objetivos claramente para lograr un consenso.
8) Seguir realizando tareas que deberían delegarse.
9) No actuar de manera decisiva cuando los asociados no cumplen con los estándares.
10) Olvidarse de mostrar agradecimiento y reconocimiento.

APÉNDICE A

SOBRE DALE CARNEGIE

Dale Carnegie fue pionero de lo que hoy se conoce como el movimiento del potencial humano. Sus enseñanzas y escritos han ayudado a personas de todo el mundo a tener más confianza en sí mismas y ser individuos más afables e influyentes.

En 1912 Carnegie ofreció su primer curso para hablar en público en una YMCA en la ciudad de Nueva York. Como en la mayoría de los cursos de oratoria de la época, Carnegie empezó la clase con una ponencia teórica, pero pronto se dio cuenta de que los asistentes se veían aburridos e inquietos. Tenía que hacer algo.

Dale detuvo su ponencia, tranquilamente señaló a un hombre en la última fila y le pidió que se pusiera de pie y diera una charla improvisada sobre sus orígenes. Cuando el estudiante terminó, le pidió a otro alumno que hablara sobre sí mismo, y así sucesivamente hasta que todos en la clase habían dado una breve charla. Con el apoyo de sus compañeros y la orientación de Carnegie, cada uno de ellos superó su miedo y dio una plática satisfactoria. "Sin saber lo que estaba haciendo —reportó Carnegie tiempo después— me topé con el mejor método para vencer el miedo."

Su curso se volvió tan popular que le pidieron que lo diera en otras ciudades. Al paso de los años siguió mejorando el contenido del curso. Aprendió que lo que más les interesaba a los estudiantes era aumentar su confianza en sí mismos, mejorar sus relaciones interpersonales, volverse exitosos en sus carreras y superar temores y preocupaciones. Esto dio por resultado que el énfasis del curso cambiara de la oratoria a tratar estas cuestiones. Las charlas se volvieron un medio para alcanzar un fin más que un fin en sí mismas.

Además de lo que aprendió de sus alumnos, Carnegie realizó un estudio exhaustivo sobre el enfoque de la vida de los hombres y las mujeres de éxito. Lo incorporó a sus clases. Esto lo llevó a escribir su libro más famoso, *Cómo ganar amigos e influir sobre las personas*.

Este libro se convirtió en un bestseller inmediato y desde su publicación en 1936 (y la edición revisada de 1981) ha vendido más de 20 millones de ejemplares. Se ha traducido a 36 idiomas. En 2002 *Cómo ganar amigos e influir sobre las personas* fue nombrado en primer lugar entre los libros de negocios del siglo xx. En 2008 la revista *Fortune* lo incluyó en su lista de siete libros que todo líder debe tener en su librero. Su libro, *Cómo suprimir las preocupaciones y disfrutar de la vida*, escrito en 1948, también ha vendido millones de ejemplares y se ha traducido a 27 idiomas.

Dale Carnegie murió el 1º de noviembre de 1955. Un obituario en un periódico de Washington resumió su contribución a la sociedad: "Dale Carnegie no resolvió ninguno de los profundos misterios del universo. Pero, quizá más que nadie de su generación, ayudó a los seres humanos a aprender a llevarse bien —que a veces parece ser la necesidad más grande de todas".

Sobre Dale Carnegie & Associates, Inc.

Fundada en 1912, Dale Carnegie Training partió de la creencia de un hombre en el poder de la superación personal para convertirse en una compañía de capacitación basada en resultados con oficinas en todo el mundo. Se enfoca en darle a la gente de negocios la oportunidad de pulir sus habilidades y mejorar su desempeño para construir resultados positivos, estables y redituables.

La obra original de Dale Carnegie y sus conocimientos se han actualizado, expandido y refinado de manera constante a través de casi un siglo de experiencias empresariales de la vida real. Las 160 franquicias de Dale Carnegie alrededor del mundo brindan servicios de capacitación y consultoría a compañías de todos los tamaños y en todos los segmentos de la industria para incrementar sus conocimientos y desempeño. El resultado de esta experiencia colectiva y global es una reserva creciente de conocimientos empresariales en la que nuestros clientes se apoyan para impulsar sus resultados.

Con sede en Hauppauge, Nueva York, Dale Carnegie Training tiene representación en los 50 estados de la Unión Americana y en más de 75 países. Más de 2 700 instructores presentan los programas de entrenamiento de Dale Carnegie Training en más de 25 idiomas. Dale Carnegie Training está dedicada a servir a la comunidad empresarial de todo el mundo. De hecho, aproximadamente siete millones de personas han completado el curso de Dale Carnegie Training.

Dale Carnegie Training enfatiza los principios y procesos prácticos al diseñar programas que ofrecen a la gente los conocimientos, las habilidades y los ejercicios que necesita para agregar valor a su negocio. Al conectar soluciones probadas con desafíos de la vida real, Dale Carnegie Training es reconocida internacionalmente como líder en sacar a relucir lo mejor de la gente.

Entre los graduados de estos programas hay directores generales de grandes empresas, dueños y gerentes de compañías de todo tamaño y toda actividad comercial e industrial, líderes de gobierno de los poderes ejecutivo y legislativo, e incontables individuos, cuya vida se vio enriquecida por esta experiencia.

En un sondeo continuo de satisfacción de nuestros clientes en todo el mundo, 99% de los graduados de Dale Carnegie Training se dicen satisfechos con la capacitación que reciben.

Sobre el editor

Este libro fue compilado y editado por el doctor Arthur R. Pell, quien fue consultor de Dale Carnegie & Associates durante 22 años, y fue elegido por la compañía para editar y actualizar *Cómo ganar amigos e influir sobre las personas* de Dale Carnegie. También es autor de *Enriquece tu vida: El Método Dale Carnegie,* y escribió y editó "El lado humano", un artículo mensual sobre Dale Carnegie que se publicaba en 150 revistas gremiales y profesionales.

Es autor de más de 50 libros y cientos de artículos sobre administración, relaciones humanas y superación personal. Además de sus propios escritos, el doctor Pell ha editado y actualizado clásicos del campo del potencial humano, como *Piense y hágase rico* de Napoleon Hill, *El poder de la mente subconsciente* de Joseph Murphy, *Como un hombre piensa, así es su vida* de James Allen, *El sentido común* de Yoritomo Tashi, y obras de Orison Swett Marden, Julia Seton y Wallace D. Wattles.

APÉNDICE B

LOS PRINCIPIOS DE DALE CARNEGIE

Vuélvete una persona más amigable

1) No critiques, no condenes, no te quejes.
2) Brinda un aprecio honesto y sincero.
3) Despierta en la otra persona un deseo entusiasta.
4) Interésate genuinamente en los demás.
5) Sonríe.
6) Recuerda que el nombre de una persona le resulta el sonido más dulce en cualquier idioma.
7) Sé bueno para escuchar. Anima a los demás a hablar de sí mismos.
8) Habla en términos de los intereses de la otra persona.
9) Haz que la otra persona se sienta importante y hazlo con sinceridad.
10) Para sacar lo mejor de una disputa, evítala.
11) Muestra respeto por la opinión de la otra persona. Nunca le digas a una persona que está equivocada.
12) Si tú te equivocas, reconócelo rápida y enfáticamente.
13) Empieza de manera amigable.
14) Haz que la otra persona empiece a decir que "sí" de inmediato.
15) Deja que la otra persona sea la que más hable.

16) Deja que la otra persona sienta que la idea fue suya.
17) Trata honestamente de ver las cosas desde el punto de vista de la otra persona.
18) Sé solidario con las ideas y deseos de la otra persona.
19) Apela a los motivos más nobles.
20) Escenifica tus ideas.
21) Lanza un reto.
22) Empieza con elogios y reconocimiento sincero.
23) Llama la atención sobre los errores de la gente de manera indirecta.
24) Habla de tus propios errores antes de criticar a la otra persona.
25) Haz preguntas en vez de dar órdenes directas.
26) Deja que la otra persona salve las apariencias.
27) Elogia la menor mejoría y elógialas todas. Sé "efusivo en tu aprobación y generoso con tus elogios".
28) Dale a la otra persona una buena reputación que mantener.
29) Usa la motivación. Haz que el error parezca fácil de corregir.
30) Haz que la otra persona se sienta feliz de hacer lo que tú sugieres.

Principios fundamentales para superar las preocupaciones

1) Vive en "compartimentos de un día".
2) Cómo enfrentar los problemas:
   a) Pregúntate: "¿Qué es lo peor que puede suceder?"
   b) Prepárate para aceptar lo peor.
   c) Trata de mejorar la situación partiendo de lo peor.

3) Piensa en el exorbitante precio que tendrás que pagar en términos de tu salud por preocuparte demasiado.

Técnicas básicas para analizar la preocupación

1) Averigua todos los hechos.
2) Sopesa los hechos y después toma una decisión.
3) Una vez que hayas tomado una decisión, ¡actúa!
4) Escribe y responde las siguientes preguntas:
  a) ¿Cuál es el problema?
  b) ¿Cuáles son las causas del problema?
  c) ¿Cuáles son las posibles soluciones?
  d) ¿Cuál es la mejor solución posible?

Rompe el hábito de preocuparte antes de que el hábito te rompa a ti

1) Mantente ocupado.
2) No te agobies por pequeñeces.
3) Usa la ley de probabilidades para suprimir tus preocupaciones.
4) Coopera con lo que es inevitable.
5) Decide exactamente cuánta ansiedad puede ameritar una cosa y niégate a darle más.
6) No te preocupes por el pasado.

Cultiva una actitud mental que te brinde paz y felicidad

1) Llena tu mente con pensamientos de paz, valentía, salud y esperanza.

2) Nunca trates de desquitarte de tus enemigos.
3) Espera la ingratitud.
4) Cuenta tus bendiciones, no tus problemas.
5) No imites a otros.
6) Trata de sacar provecho de tus pérdidas.
7) Crea felicidad para los demás.

Cómo ser un buen líder de Dale Carnegie
se terminó de imprimir en junio de 2022
en los talleres de Impresos Santiago S.A. de C.V.,
Trigo No. 80-B, Col. Granjas Esmeralda, C.P. 09810,
Alcaldía Iztapalapa, Ciudad de México, México.